Zu diesem Buch

«Der Schlüssel zum Industriebetrieb» erscheint in einer Reihe, die das kaufmännische Grundwissen in strukturierter Form anbietet. Jeder der Bände ist in sich abgeschlossen, zusammen bilden sie einen Grundkurs Betriebswirtschaftslehre
- für alle kaufmännisch Auszubildenden, die zunächst einen intensiven Gesamtüberblick bekommen sollen;
- für alle Interessierten, die in nichtkaufmännischen Betriebssparten arbeiten, aber die wirtschaftlichen Zusammenhänge kennen wollen.

Der Aufbau der Reihe orientiert sich am System des betriebsbezogenen Phasenunterrichts. Die Form der neuentwickelten, strukturierten Unterweisung erlaubt ein selbstbestimmtes Lernen, unabhängig von Lehrer und Lernort, aber unter ständiger Eigenkontrolle. Der Lernstoff ist inhaltlich und optisch in logische Einheiten gegliedert, zu denen es schriftlich zu lösende Aufgaben gibt. Sie haben den Zweck,
- wesentliche Sachverhalte hervorzuheben und sie dadurch besser einzuprägen
- die Abgrenzung von umliegenden Problemen zu erreichen
- eine sinnvolle Vernetzung des gelernten mit bereits vorhandenem Wissen zu ermöglichen.

So lassen sich die wichtigsten Zusammenhänge und Probleme in Unternehmen rasch erschließen.

«Der Schlüssel zum Industriebetrieb» ist in drei Bände gegliedert.
Band 1 – Struktur des Unternehmens und Stellung in der Wirtschaft – stellt den Industriebetrieb in seinem gesamtwirtschaftlichen Umfeld vor und zeigt seine Grundstruktur auf.
Band 2 – Entscheidungen im Beschaffungs-, Produktions- und Absatzbereich – beschreibt die Aufgaben und Möglichkeiten der Beschaffungs- und Absatzpolitik und erörtert die wichtigsten Fragen im Produktionsbereich.
Band 3 – Entscheidungen im Finanzbereich und großer Schlußtest mit Planungsbeispiel – beschäftigt sich mit Problemen der Kapitalbedarfsermittlung und mit den Finanzierungsgrundsätzen, an denen sich ein Unternehmen orientieren sollte. Der große Schlußtest prüft in Form eines Planungsbeispiels das gesamte Wissen aus den drei Bänden.

Als zusammenfassender Dachband der Reihe «Kaufmännisches Grundwissen strukturiert» erschien:
Der Schlüssel zur Betriebswirtschaft (rororo sachbuch 7135)
Die weiteren Bände der Reihe sind:
Der Schlüssel zur Bilanz (rororo sachbuch 7113)
Der Schlüssel zur Kostenrechnung (rororo sachbuch 7253)
Der Schlüssel zur Volkswirtschaft (rororo sachbuch 7650)

Kaufmännisches Grundwissen strukturiert

Der Schlüssel zum Industriebetrieb

Band 3:
Entscheidungen im Finanzbereich
und großer Schlußtest mit Planungsbeispiel

Basistexte von Walther Zorn,
Bernd Bremicker, Horst Gröner

Textanalyse und Didaktik
sowie grafische Lehrkonzeption
Siegfried Baumüller, Helga Schropp,
Wilhelm Tange

Herausgegeben von Martin F. Wolters

ro
ro
ro

Rowohlt

Umschlagentwurf: Werner Rebhuhn
Illustrationen: Wilhelm Tange (Entwurf)
Gerhard und Ingeborg Keim, Ingrid Schulz (Ausführung)

19.–21. Tausend Oktober 1984

Veröffentlicht im Rowohlt Taschenbuch Verlag GmbH,
Reinbek bei Hamburg, März 1978
Copyright © 1978 by Econ Verlag GmbH, Düsseldorf und Wien
Gesamtherstellung Clausen & Bosse, Leck
Printed in Germany
680-ISBN 3 499 17112 0

Vorwort des Herausgebers

Die Reihe «Kaufmännisches Grundwissen strukturiert» bringt gezielt die wesentlichen betriebswirtschaftlichen Themen in Form von allgemeinverständlichen, praxisorientierten Einführungen.

Alle Bücher dieser Reihe sind zum Selbststudium geeignet; sie wurden nach einer vom Autorenteam neu entwickelten Methode – der Strukturierten Unterweisung – verfaßt.

Betriebswirtschaftliche Probleme werden hier nicht nur theoretisch abgehandelt, sondern ihre praktischen Lösungen an konkreten Beispielen aufgezeigt und in Übungsaufgaben vom Leser selbst nachvollzogen.

Die Reihe wurde entwickelt und geschrieben

- für alle kaufmännisch Auszubildenden, denen ein intensiver Überblick über das gesamte Gebiet der Betriebswirtschaftslehre gegeben werden soll, bevor sie sich in Details einarbeiten;

- für alle, die vielleicht aus mehr technisch orientierten Berufssparten kommen und sich über die Verfahren und Methoden der betrieblichen Praxis zur Bewältigung ihrer Aufgaben grundlegend informieren müssen;

- für Studenten, die sich zum erstenmal mit Betriebswirtschaftslehre befassen und denen an einem verständlichen ersten Einblick gelegen ist, der den Wissensbereich nicht nur theoretisch abhandelt, sondern zugleich die praktischen Bezüge aufzeigt;

- für alle, die sich für kaufmännische Zusammenhänge interessieren und sich nicht an akademischen Werken die Zähne ausbeißen wollen.

Denn: diese Reihe schließt die Lücke zwischen Werken, die ausschließlich für wissenschaftliche Zwecke geeignet sind, und der sogenannten populärwissenschaftlichen Literatur.

Jedes Buch kann ohne Kenntnis der anderen Bücher dieser Reihe gelesen und verstanden werden. Aber im Verbund erst bringen sie die komplette Einführung in die betriebliche Praxis.

Der Herausgeber hofft, mit dieser Reihe dem Leser das Gebiet der Betriebswirtschaftslehre zu erschließen und ihm die Möglichkeit zu geben, Vorgänge in der Wirtschaft besser verstehen zu können.

München, im Februar 1978

Martin F. Wolters

LERNMETHODE UND LERNZIEL

In diesem Buch wird,
ebenso wie in den anderen Büchern dieser Reihe,
eine vom Autorenteam entwickelte und erprobte
neue Lernmethode angewendet:

die STRUKTURIERTE UNTERWEISUNG.

Im Gegensatz zur herkömmlichen Programmierten Unterweisung,
bei der der Lehrstoff in kleine und kleinste Schritte zerlegt wird,
an der sich einfache, schriftlich zu beantwortende
Fragen anschließen, wird bei der Strukturierten Unterweisung
der gesamte Stoff in größere, logische Einheiten gegliedert,
die ein in sich geschlossenes Thema abhandeln.

Zu jeder logischen Einheit
gibt es schriftliche Aufgaben, gekennzeichnet mit

Deren Lösungen, gekennzeichnet mit
sind auf den Rückseiten beschrieben.

Zweck dieser Aufgaben ist es,

— wesentliche Sachverhalte so hervorzuheben,
  daß sie sich besser einprägen,

— die Abgrenzung von umliegenden Problemen zu erreichen,

— eine sinnvolle Vernetzung des Gelernten
  mit bereits vorhandenem Wissen zu ermöglichen

Alle Themen werden in einfachen Sätzen so beschrieben,
daß keine Verständnislücken entstehen.
Interessante, aber für die Erreichung des Lernziels
nicht unbedingt erforderliche Details
sind eher weggelassen,
bevor sie nur ungenügend erklärt werden.

Die inhaltliche Strukturierung des Lehrstoffes wird unterstützt durch eine das Lernen erleichternde optische Strukturierung. Wesentlich daran ist,

— daß die einzelnen Seiten übersichtlich gestaltet sind,

— daß der Text durch pädagogisch wirksame Schaubilder aufgelockert ist,

— daß sachlich und logisch zusammengehörige Informationen auf einer oder auf zwei sich gegenüberliegenden Seiten stehen und die Sätze leicht lesbar sind.

Im Text finden Sie zuweilen grafische Hinweise auf die anderen Bände dieser Reihe, in denen das angesprochene Thema ausführlicher behandelt wird.

Hinweis auf Band 1 des "Schlüssel zum Industriebetrieb" Struktur des Unternehmens und Stellung in der Wirtschaft

Hinweis auf Band 2 des "Schlüssel zum Industriebetrieb" Entscheidungen im Beschaffungs-, Produktions- und Absatzbereich

Hinweis auf den "Schlüssel zur Bilanz"

Hinweis auf den "Schlüssel zur Kostenrechnung"

Ein weiterer Band "Der Schlüssel zur Betriebswirtschaft" bietet Ihnen einen zusammenfassenden Überblick über alle betriebswirtschaftlichen Themen dieser Reihe.

Wenn Sie das Buch durchgearbeitet und dabei alle
Aufgaben gelöst und überprüft haben, dann wissen Sie

- welche Überlegungen ein Unternehmen bei der Ermittlung des Kapitalbedarfs treffen muß,

- aus welchen Positionen sich der Kapitalbedarf zusammensetzt

- aus welchen Geldquellen ein Unternehmen seinen Kapitalbedarf decken kann

- an welchen Finanzierungsgrundsätzen ein Unternehmen seine Finanzpolitik ausrichten sollte.

Da Inhalt und Lernmethode dieses Buches so gewählt sind,
daß auch ein interessierter Nichtfachmann,
der über keinerlei spezielle Vorkenntnisse verfügt,
sich schnell und sicher in die Materie einarbeiten kann,
können wir Ihnen einen sicheren Lernerfolg garantieren!

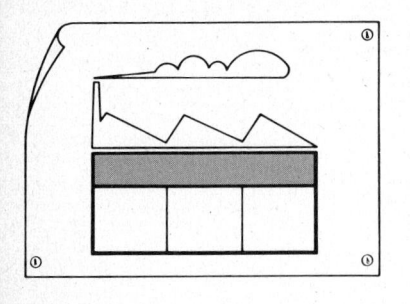

Im ersten Abschnitt

— werden die
Überlegungen nachvollzogen,
die ein Unternehmen
bei der Ermittlung
seines Kapitalbedarfs
treffen muß;
es wird gezeigt,
aus welchen Posten sich
der Kapitalbedarf
zusammensetzt,
der für die Gründung
eines Unternehmens
und für dessen laufende
Betriebstätigkeit auftritt

— werden die
Geldquellen besprochen,
aus denen ein Unternehmen
den Kapitalbedarf decken kann

— bekommen Sie Hinweise
auf Finanzierungsgrundsätze,
an denen das Unternehmen
seine Finanzpolitik
ausrichten soll.

Entscheidungen im Finanzbereich

Schlußtest — Planungsbeispiel

Entscheidungen im Finanzbereich

Ermittlung des Kapitalbedarfs
Möglichkeiten der Kapitalbeschaffung
Finanzierungsgrundsätze

ERMITTLUNG DES KAPITALBEDARFS

Jedes Unternehmen ist in den Wirtschaftskreislauf eingebettet.
Es empfängt Güter (bzw. Leistungen)
von den vorgelagerten Wirtschaftseinheiten
und gibt Güter (Leistungen)
an die nachgelagerten Wirtschaftseinheiten ab.
Für die abgegebenen Güter erhält es als Gegenleistung Geld,
und es bezahlt Geld an diejenigen, die ihm Güter geliefert haben.

Das Unternehmen wird also
von einem *Güter-* und einem *Geldstrom* durchflossen;
sie fließen entgegengesetzt zueinander.

In der Regel müssen die Güter zuerst produziert werden,
um dann bei Ihrem Verkauf einen Geldstrom zu verursachen.
Güter- und Geldströme durchlaufen das Unternehmen also
zeitlich versetzt.
Die Zeit zwischen den Ausgaben und den Einnahmen
muß durch das Unternehmen überbrückt werden.
Daraus ergibt sich ein ständiger Bedarf an Mitteln,
die vorgestreckt werden müssen.
Diesen **Kapitalbedarf** immer richtig vorauszuberechnen,
ist für ein Unternehmen lebenswichtig!

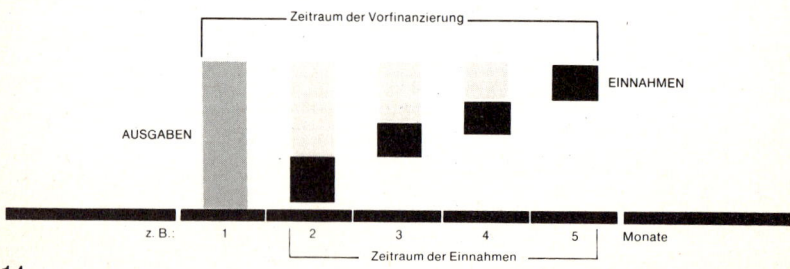

KAPITALBEDARF

Bei der Ermittlung des Kapitalbedarfs müssen alle Ausgaben, die von der Planung des Projektes bis zum Eingang der ersten Kundenzahlungen anfallen, berücksichtigt werden.

Im wesentlichen sind dies:

I. Kapitalbedarf für die Gründung des Unternehmens

Ausgaben für:
1. Grundstück
2. Gebäude, Installation
3. Maschinen
4. Lager- und sonstige Einrichtungen
5. Lagervorrat an Rohstoffen
6. Sonstige Ausgaben (z.B. für Entwicklung)

II. Kapitalbedarf für die laufende Betriebstätigkeit

Ausgaben für:
1. Rohstoffe
2. Personal
3. Energie
4. sonstige Ausgaben

   für die Zeit der Verauslagung bis zum ersten Zahlungseingang

5. außerdem braucht man einen Kassenbestand, um Ausgabe-Spitzen auszugleichen

In einem einfachen Beispiel
soll nun der Kapitalbedarf für ein Unternehmen errechnet werden:

*Ein Erfinder hat
einen neuartigen Kunststoff-Flaschenverschluß entwickelt.
Er will diese Erfindung selbst verwerten
und die Verschlüsse in eigener Fertigung herstellen.
Er macht folgende Planung:*

*Die Verschlüsse sollen auf 2 Maschinen gespritzt,
anschließend gelagert und dann vom Kunden abgeholt werden.
Grundstück, Gebäude, Maschinen, Lager- und Transporteinrichtungen
müssen gekauft werden; ebenso ein Rohstoffvorrat für 30 Tage.*

Er ermittelt gegen folgenden Kapitalbedarf:

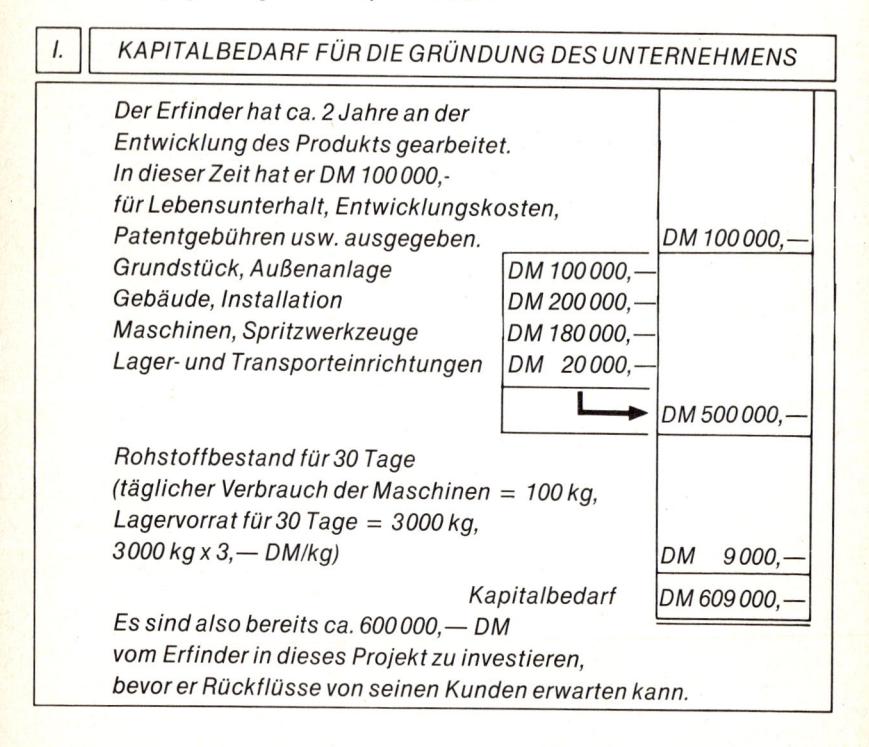

I.	KAPITALBEDARF FÜR DIE GRÜNDUNG DES UNTERNEHMENS	
Der Erfinder hat ca. 2 Jahre an der Entwicklung des Produkts gearbeitet. In dieser Zeit hat er DM 100 000,- für Lebensunterhalt, Entwicklungskosten, Patentgebühren usw. ausgegeben.		DM 100 000,—
Grundstück, Außenanlage	DM 100 000,—	
Gebäude, Installation	DM 200 000,—	
Maschinen, Spritzwerkzeuge	DM 180 000,—	
Lager- und Transporteinrichtungen	DM 20 000,—	
	→	DM 500 000,—
Rohstoffbestand für 30 Tage (täglicher Verbrauch der Maschinen = 100 kg, Lagervorrat für 30 Tage = 3000 kg, 3000 kg x 3,— DM/kg)		DM 9 000,—
Kapitalbedarf		DM 609 000,—
Es sind also bereits ca. 600 000,— DM vom Erfinder in dieses Projekt zu investieren, bevor er Rückflüsse von seinen Kunden erwarten kann.		

KAPITALBEDARF

II. KAPITALBEDARF FÜR DIE LAUFENDE BETRIEBSTÄTIGKEIT

*Mit dem errechneten Kapitalbedarf ist es jedoch noch nicht getan.
Beim Anlaufen der Produktion fallen Personalausgaben sowie Ausgaben
für Energie, Wartung, Instandhaltung usw. an. Außerdem können die Produkte nicht immer sofort verkauft werden; sie werden daher gelagert.
Schließlich werden die Kunden nicht sofort bezahlen, d.h. sie verlangen
Zahlungsziel, so daß bis zum Zahlungseingang eine weitere Zeitspanne
überbrückt werden muß.
Es muß deshalb noch folgende Rechnung aufgestellt werden:
Die Verschlüsse liegen durchschnittlich 10 Tage im Fertigwarenlager.
Die Kunden bezahlen im Durchschnitt nach 30 Tagen. Vom Beginn der
Produktion bis zum ersten Zahlungseingang vergehen also 40 Tage.*

Es ergibt sich folgender täglicher Geldbedarf:

Ausgaben für:			
Personal (6 Personen)	je Tag	DM	600,—
Rohstoffe (100 kg à 3,— DM)	je Tag	DM	300,—
Energie	je Tag	DM	100,—
Sonstige Ausgaben	je Tag	DM	100,—
Ausgaben je Tag =		DM	1100,—

*Nach Produktionsbeginn dauert es 40 Tage,
bis die erste Kundenzahlung kommt, das ist die
Zahlung für die Produktion des 1. Tages.
Am 42. Tag geht das Geld
für den 2. Produktionstag ein, usw.
Es müssen also*

40 x 1 100,— DM ständig vorfinanziert werden.	=	DM 44 000,—
Der Unternehmer plant noch einen Kassenbestand von		DM 100 000,—
ein, um jederzeit liquid, d.h. flüssig zu sein		
und er errechnet daher den folgenden Kapitalbedarf		
für die laufende Betriebstätigkeit:		DM 144 000,—

Als Gesamtkapitalbedarf ergibt sich dann: KAPITALBEDARF

I.	FÜR DIE GRÜNDUNG DES UNTERNEHMENS	DM 609 000,—
II.	FÜR DIE LAUFENDE BETRIEBSTÄTIGKEIT	DM 144 000,—
	GESAMTKAPITALBEDARF	DM 753 000,—

Der Kapitalbedarf wird von einer Reihe von Einflußgrößen bestimmt; die wichtigsten sind in dem nachfolgenden Bild zusammengefaßt und zur besseren Übersicht illustriert.

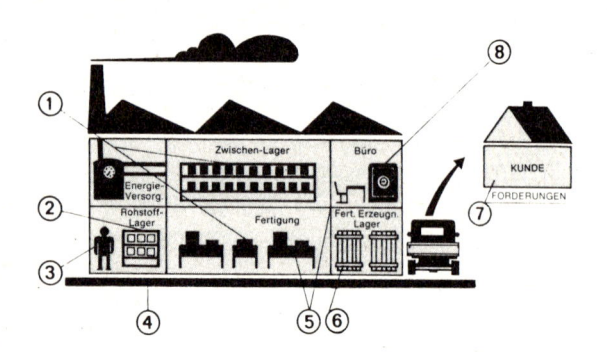

① **UNFERTIGE ERZEUGNISSE**
Leistungsvolumen/Umsatz
Durchlaufzeit
Organisation der Fertigung
Kapazitätsbestimmung
Fertigungstiefe
Qualität der Fertigung
Fertigungs- Steuerung
Disposition

② **ROHSTOFFE**
Leistungsvolumen/Umsatz
Spezifischer Wert
des Materials
Lieferzeiten, Typenvielfalt
Dispositionsverfahren
Materialanteil am Produkt

③ **PERSONALKOSTEN**
Leistungsvolumen/Umsatz
Löhne und Gehälter
Lohnkostenanteil
am Produkt
Arbeitsmarkt

④ **GRUNDSTÜCK (BODEN)**
Betriebsgröße/Leistungsvolumen
Zeitpunkt des Kaufs
Erwartung der Ausdehnung
Lage des Grundstücks

⑤ **GEBÄUDE, MASCHINEN usw.**
Kapazität (Abhängigkeit vom Umsatz) Art des Produktes (groß, klein, schwer etc.) Sicherheitsbestimmungen, Herstell-
verfahren, Grad der Mechanisierung, Grad der
Automation, Fertigungstiefe, Zahl der Arbeitsgänge, Produktionsspektrum, Stand der Rationalisierung

⑥ **FERTIGE ERZEUGNISSE**
Leistungsvolumen/Umsatz
Absatzmöglichkeiten, Konjunktur
Saison, Marktverknüpfung
Auftragsfertigung
Beschäftigungspolitik
Typenspektrum

⑦ **FORDERUNGEN**
Umsatz
Zahlungsziel
Zahlungsmoral

⑧ **KASSE**
Einnahmen ⎫
Ausgaben ⎭ Leistungsvolumen/Umsatz

KAPITALBEDARF

Nahezu alle Mitarbeiter eines Unternehmens beeinflussen direkt
oder indirekt den Kapitalbedarf des Unternehmens
durch ihre täglichen Entscheidungen — oft ohne es zu wissen.

Der Angestellte im Büro z.B. übt einen Einfluß auf den Kapitalbedarf aus,
wenn er eine fällige Rechnung eine Woche zu spät mahnt
und sich dadurch der Zahlungseingang verspätet
oder wenn er aus übertriebenem Sicherheitsbestreben
Rohmaterial ein paar Tage früher als nötig liefern läßt
und sich dadurch die Lagerdauer verlängert.

Zur Berechnung des Kapitalbedarfs
gehört auch das Wissen um die verschiedenen Einflüsse
von innen und außen,
die den Kapitalbedarf eines Unternehmens verändern können.

Solche Einflüsse sind z.B.:

Einflüsse von außen
— Erhöhung der Rohstoffpreise
— Erhöhung der Löhne und Gehälter
— Preiserhöhung bei Energie
— Umsatzrückgang bzw. -erhöhung

Einflüsse von innen
— Erweiterung der Produktion
  (Ausbau der Kapazität)
— Veränderung der Lagerdauer
— Veränderung des Zahlungszieles
— Senkung des eisernen Bestandes
— Aufnahme zusätzlicher Produkte

Alle diese Einflüsse erhöhen oder vermindern den Kapitalbedarf.
Man spricht auch von **Erhöhung bzw. Verminderung der Mittelbindung.**

Um die Änderung der Mittelbindung besser überblicken zu können,
ist es sinnvoll,
die Mittelbindung getrennt nach der Verwendung der Mittel zu betrachten.
So ist z.B. ein Teil der Mittel in Gebäuden und Maschinen gebunden,
ein Teil in Rohstoffbeständen,
ein Teil in Fertigerzeugnisbeständen
und ein Teil in Forderungen an die Kunden.

Die wichtigsten **Arten der Mittelbindung** sind also
— Mittelbindung in Gebäuden und Maschinen
— Mittelbindung in Rohstoffbeständen
— Mittelbindung in Erzeugnisbeständen
— Mittelbindung in dem Bestand an Forderungen

Die folgende Darstellung zeigt,
wie sich die Mittelbindung in dem Zahlenbeispiel von Seite 16/17 ändert,
wenn die Rohstoffpreise um 10% steigen.

Personalausgaben	*DM 600,—*
Rohstoffe (300,— + 30,—)	*DM 330,—*
Energie	*DM 100,—*
Sonstige Ausgaben	*DM 100,—*
tägliche Ausgaben	*DM 1130,—*

	Mittelbindung	
	vorher	*nachher*
I. in Rohstoffbeständen (3000 kg)	9 000,—	9 900,—
II. in Fertigwaren (10 Tage)	11 000,—	11 300,—
in Forderungen (30 Tage)	33 000,—	33 900,—
	53 000,—	55 100,—

KAPITALBEDARF

1. Ermitteln Sie den Kapitalbedarf
   für die laufende Betriebstätigkeit eines Unternehmens,
   von dem die folgenden Planungsergebnisse stammen!

   Personalkosten je Tag   DM 2000,—
   Rohstoffkosten je Tag   DM 1000,—
   Energiekosten je Tag   DM 200,—
   Sonst. Ausgaben je Tag DM 300,—

   durchschnittliche Lagerzeit der Fertigerzeugnisse: 20 Tage
   durchschnittliches Zahlungsziel: 20 Tage
   Kassenbestand: DM 50000,—

Kapital- bedarf je Tag	Anzahl der Tage vom Beginn der Produktion bis zum Zahlungseingang	Kassen- bestand	Kapitalbedarf für die laufende Betriebstätigkeit

   . . . . x . . . . + ... = ...

2. Zur Ermittlung des Gesamtkapitalbedarfs
   wird neben dem Kapitalbedarf für die laufende Betriebstätigkeit

   der Kapitalbedarf für die

   . . . .

   des Unternehmens herangezogen.

KAPITALBEDARF

1. Kapitalbedarf für die laufende Betriebstätigkeit =

    3.500,— ✗ 40 ✚ 50.000,— = 190.000,—

2. Zur Ermittlung des Gesamtkapitalbedarfs
   wird neben dem Kapitalbedarf für die laufende Betriebstätigkeit
   der Kapitalbedarf für die **Gründung**
   des Unternehmens herangezogen.

KAPITALBEDARF

3. Versuchen Sie nun selbst herauszufinden, wie die Mittelbindung bei den folgenden Änderungen des bisherigen Geschäftsablaufes jeweils beeinflußt wird.

   Kennzeichnen Sie eine Erhöhung der jeweiligen Mittelbindung durch ein „ + ", eine Minderung durch ein "·/.".

   Für den ersten Geschäftsvorgang (aus dem Beispiel von Seite 20) sind die Lösungen bereits eingetragen.

Veränderung der Mittelbindung bei

	Gebäude Maschine	Rohstoff Bestände	Fert. Erzgn. Bestände	Forderungen
Erhöhung der Rohstoffpreise		+	+	+
Verlängerung des Zahlungszieles für die Kunden				
Verkürzung der ∅-Lagerdauer bei Fertigerzeugnissen				
Erhöhung der Fertigungslöhne				
Umsatzrückgang bei gleichbleibender Produktion				
Kauf einer neuen Maschine bei gleichbleibender Produktion				

KAPITALBEDARF

3.

	Gebäude Maschine	Rohstoff Bestände	Fert. Erzgn. Bestände	Forderungen
Erhöhung der Rohstoffpreise		+	+	+
Verlängerung des Zahlungszieles für die Kunden				+
Verkürzung der ⌀-Lagerdauer bei Fertigerzeugnissen			./.	
Erhöhung der Fertigungslöhne			+	+
Umsatzrückgang bei gleichbleibender Produktion			+	./.
Kauf einer neuen Maschine bei gleichbleibender Produktion	+			

KAPITALBEDARF

Von den erwähnten Einflußgrößen
ist der **Umsatz** eine der bedeutendsten.
Von ihm leiten sich viele andere ab,
denn er ist Ausdruck des gesamten Geschäftsvolumens.

Je höher der Umsatz eines Unternehmens ist,
desto mehr Kapital muß erfahrungsgemäß
in dieses Unternehmen investiert werden.

Kurz ausgedrückt würde das bedeuten:

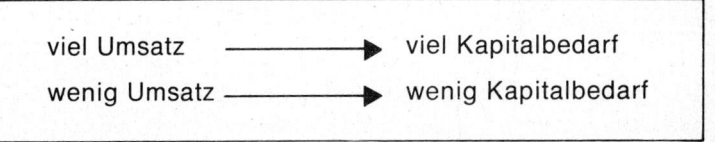

> viel Umsatz ────────▶ viel Kapitalbedarf
> wenig Umsatz ───────▶ wenig Kapitalbedarf

Setzt man den Umsatz zum Kapital in ein Verhältnis,
so ergibt sich eine wichtige Kennzahl, der **Kapitalumschlag.**

$$\text{KAPITALUMSCHLAG} = \frac{\text{UMSATZ}}{\text{KAPITAL}}$$

Ein Beispiel:

Ein Unternehmen, das einen Jahresumsatz von 3 Mio
mit einem Kapitaleinsatz von 2 Mio macht,
hat demnach einen Kapitalumschlag von 1,5,
d.h. das eingesetzte Kapital
ist 1,5 mal durch Umsatz umgeschlagen worden.
Man kann daraus auch ableiten,
daß pro 1,— DM eingesetztes Kapital jährlich 1,50 DM Umsatz gemacht,
oder daß für 1,50 DM Umsatz ein Kapital von 1,— DM eingesetzt wurde.

Betrachtet man den Kapitalumschlag
zweier willkürlich ausgesuchter Unternehmen,
so erkennt man, daß das Verhältnis von Umsatz zu Kapital
über mehrere Jahre hinweg nahezu konstant bleibt.

KAPITALUMSCHLAG					
SIEMENS (Welt) (Elektrotechnische Industrie)	1968/69	1969/70	1970/71	1971/72	1972/73
	1,0	1,0	1,1	1,1	1,0
SCHERING AG (Pharmazeutische Industrie)	1968	1969	1970	1971	1972
	0,8	0,7	0,7	0,7	0,7

Geht man nun davon aus,
daß sich die Umsätze dieser Unternehmen jedes Jahr erhöht haben,
so muß sich — da der Kapitalumschlag in etwa gleichgeblieben ist —
auch der Kapitalbedarf der Unternehmen in gleichem Maße erhöht haben.

Daraus folgt, daß eine Umsatzausweitung
immer eine Erhöhung des Kapitaleinsatzes erfordert.
(Bei Umsatzanstieg durch bloße Erhöhung der Verkaufspreise
gilt das nicht!)

Der unterschiedliche Kapitalumschlag
bei Siemens und Schering zeigt aber auch,
daß die Höhe des Kapitalbedarfs nicht *nur* vom Umsatz abhängt
(denn sonst müßte der Umschlagsfaktor
bei allen Unternehmen gleich sein).

Ein Vergleich des Kapitalumschlags mehrerer Branchen zeigt,
daß die Durchschnittswerte von Branche zu Branche verschieden sind.

KAPITALBEDARF

Produzierendes Gewerbe	KAPITALUMSCHLAG (errechnet aus Abschlüssen von Aktiengesellschaften für 1969 aus Umsatz : Bilanzsumme)
Energiewirtschaft/Wasserwirtschaft	0,5
Chemische Industrie	0,9
Elektrotechnische Industrie	1,1
Brauereien / Mälzereien	1,3

Aus der Tabelle ist zu entnehmen, daß man mit 1,— DM Kapitaleinsatz in der Energiewirtschaft 0,50 DM Umsatz pro Jahr machen kann, während man mit dem gleichen Kapital z.B. bei einer Brauerei 1,30 DM Umsatz schafft. Die Branchen unterscheiden sich u.a. durch die Art der Produkte, die Produktionstechnik, die Besonderheiten bei Beschaffung und Absatz (z.B. Zahlungsziele). Die Unterschiede in den Umschlagszahlen zeigen, wie sehr sich diese Merkmale auswirken.

Die oben genannten Branchen gehören zum „Produzierenden Gewerbe". Vergleicht man diese mit dem „Handel", so zeigen sich auch hier große Unterschiede.

	KAPITALUMSCHLAG
Produzierendes Gewerbe insgesamt	1,1
Handel insgesamt	2,5
Einzelhandel	4,7
Großhandel, Handelsvermittlung	2,6
Warenhausunternehmen	2,3

Der Kapitalumschlag wird also wesentlich durch die **Art der Tätigkeit** des Unternehmens (Produktion bzw. Handel) beeinflußt.

Neben der exakten Berechnung des Kapitalbedarfs
aufgrund genauer Daten eines bestimmten Unternehmens
ergibt sich aus dem zuletzt Gesagten ein weiteres Verfahren,
das es gestattet,
den Kapitalbedarf vor allem im Frühstadium der Planung
ohne Vorhandensein spezieller Daten ungefähr zu ermitteln.
Man setzt hierbei den beabsichtigten Umsatz
mit der typischen Umschlagszahl
der entsprechenden Branche oder Unternehmensart ins Verhältnis.
Die bereits bekannte Formel

$$\text{KAPITALUMSCHLAG} = \frac{\text{UMSATZ}}{\text{KAPITAL}}$$

wird umgeformt, und es entsteht die Formel für den **Kapitalbedarf:**

$$\text{KAPITALBEDARF} = \frac{\text{UMSATZ}}{\text{KAPITALUMSCHLAG}}$$

Ein Beispiel:
*Ein Unternehmen der Elektroindustrie
plant einen Jahresumsatz von 100 Mio.
Der branchentypische Kapitalumschlag liegt bei 1,1.
Trägt man diese Zahlen in die Formel für den
Kapitalbedarf ein, so ergibt sich ein zu erwartender
Kapitalbedarf von ca. 90 Mio.*

$$\frac{100'}{1,1} = 90'$$

*Für den gleichen Umsatz
müßte ein Unternehmen der Energiewirtschaft
einen Kapitalbedarf von 200 Mio einplanen,
weil der typische Kapitalumschlag
in dieser Branche 0,5 beträgt.*

$$\frac{100'}{0,5} = 200'$$

Mit den folgenden Fragen können Sie noch einmal überprüfen,
ob Sie die wichtigsten Probleme
bei der Ermittlung des Kapitalbedarfs verstanden haben.

KAPITALBEDARF

1. Ein Unternehmen konnte seinen Umsatz im Vergleich zum Vorjahr um 10% erhöhen, während der Kapitalumschlag mit 1,0 gleichblieb. Um wieviel % hat sich der Kapitalbedarf des Unternehmens erhöht? ....

2. Wieviel Umsatz kann ein Einzelhandelsunternehmen im Durchschnitt mit 2 Mio. eingesetztem Kapital machen?   Umsatz = ...

3 a) Ermitteln Sie den Gesamtkapitalbedarf eines Unternehmens, von dem die folgenden Planungsergebnisse stammen!

| I. | KAPITALBEDARF FÜR DIE GRÜNDUNG DES UNTERNEHMENS |

Grundstück, Gebäude, Maschinen, Einrichtungen DM 400 000,—
Entwicklungskosten, Patentgebühren etc. DM 100 000,—
Rohstoff-Lagervorrat für 2 Monate DM 30 000,—
Der Kapitalbedarf
für die Gründung des Unternehmens beträgt: ....

| II. | KAPITALBEDARF FÜR DIE LAUFENDE BETRIEBSTÄTIGKEIT |

Rohstoff-, Personal-, Energie-
und sonstige Ausgaben/Tag: DM   5 000,—
Lagerdauer für Fertigwaren: 20 Tage
Zahlungsziel für Kunden: 30 Tage
Kassenbestand: DM 100 000,—

Der Kapitalbedarf für die laufende Betriebstätigkeit errechnet sich:

| Kapital-
bedarf
je Tag | Anzahl der Tage
vom Beginn der
Produktion bis zum
Zahlungseingang | Kassen-
bestand |

.... × .... + ... = ...

Gesamtkapitalbedarf = ...

3 b) Errechnen Sie den Kapitalumschlag dieses Unternehmens bei einem geplanten Umsatz von 1 Mio DM!

KAPITALUMSCHLAG = ——————— =

KAPITALBEDARF

1. Der Kapitalbedarf des Unternehmens erhöht sich ebenfalls um **10%**.

2. Der mit dem eingesetzten Kapital zu erzielende Umsatz = **9,4 Mio.**

3 a)

| I. | KAPITALBEDARF FÜR DIE GRÜNDUNG DES UNTERNEHMENS |

	DM 400 000,—
	DM 100 000,—
	DM 30 000,—
Der Kapitalbedarf für die Gründung des Unternehmens beträgt:	DM 530 000,—

| II. | KAPITALBEDARF FÜR DIE LAUFENDE BETRIEBSTÄTIGKEIT |

$$5.000,- \times 50 + 100.000,- = \text{DM } 350.000,-$$

Gesamtkapitalbedarf = **DM 880.000,—**

3 b) Bei einem geplanten Umsatz von 1 Mio. errechnet sich der Kapitalumschlag wie folgt:

$$\text{KAPITALUMSCHLAG} = \frac{1000.000,-}{880.000,-} = 1,1$$

Bei Gründung eines Unternehmens…

...ermittelt man den Kapitalbedarf und sucht dann nach Möglichkeiten der Kapitalbeschaffung.

Bei Gründung eines Haushalts steht der Vorgang kopf: Man hat vorweg die Möglichkeiten der Geldbeschaffung (sichere wie Einkommen, Zinsen, unsichere wie Lottogewinne, Erbschaften) und richtet dann seine Bedürfnisse danach aus.

Sind die Abflüsse größer als die Zuflüsse, muß man auch hier zur Kreditfinanzierung greifen. Im umgekehrten Falle aber kann man aus dem Überschuß Rücklagen bilden, welche die angenehme Eigenschaft haben, Erträge zu bringen und den Anteil der Selbstfinanzierung stetig erhöhen.

Pfandbrief und Kommunalobligation

Meistgekaufte deutsche Wertpapiere - hoher Zinsertrag - schon ab 100 DM bei allen Banken und Sparkassen

Verbriefte Sicherheit

MÖGLICHKEITEN
DER KAPITALBESCHAFFUNG

Die Aufgaben eines Unternehmens beschränken sich nicht nur darauf,
Produkte zu entwickeln und Beschaffung,
Produktion und Absatz zu organisieren.
Es müssen vielmehr auch die **nötigen Mittel beschafft** werden,
um die vorgesehenen Unternehmensaktivitäten durchführen zu können.
Daran scheitern viele, die voller Ideen sind.

Die Ausstattung des Unternehmens mit Mitteln nennt man **Finanzierung.**
Sie ist keine einmalige Tätigkeit bei der Gründung des Unternehmens,
sondern eine *laufende Tätigkeit* mit dem Zweck,
dem Unternehmen jederzeit
die Zahlungsbereitschaft zu sichern und zu erhalten.

Es fallen ständig Zahlungen an,
besonders Bezahlung von Materiallieferungen an Lieferanten,
Löhne und Gehälter an die Belegschaft,
Steuern an den Staat,
Zinsen, Kredit-Tilgungsraten und Dividenden an die Geldgeber.

Diese *Abflüsse* an Geldmitteln erfordern wiederum *ständige Zuflüsse,* von denen die wichtigsten Einnahmen aus Umsatz (Kundenzahlungen) und Einnahmen von Kapitalgebern sind.

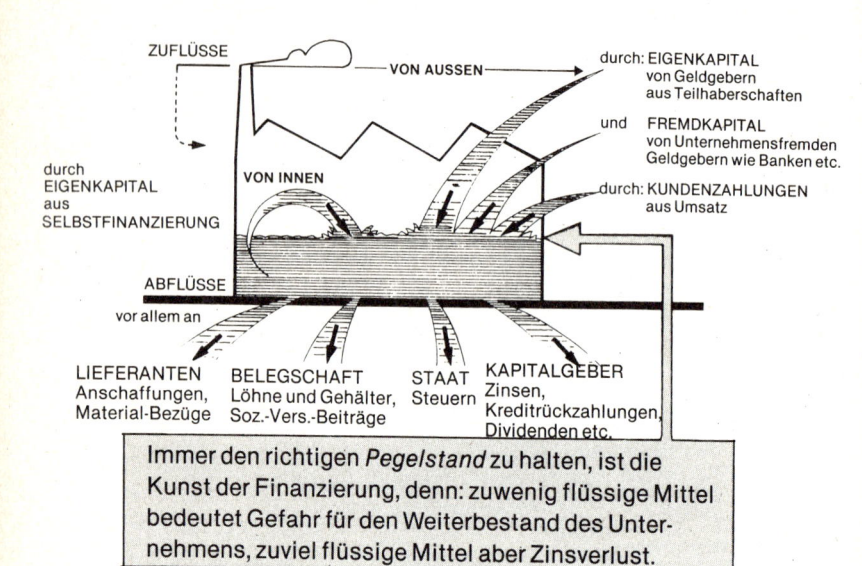

ZUFLÜSSE

VON AUSSEN → durch: EIGENKAPITAL von Geldgebern aus Teilhaberschaften

und FREMDKAPITAL von Unternehmensfremden Geldgebern wie Banken etc.

durch EIGENKAPITAL aus SELBSTFINANZIERUNG

VON INNEN

durch: KUNDENZAHLUNGEN aus Umsatz

ABFLÜSSE

vor allem an

LIEFERANTEN Anschaffungen, Material-Bezüge

BELEGSCHAFT Löhne und Gehälter, Soz.-Vers.-Beiträge

STAAT Steuern

KAPITALGEBER Zinsen, Kreditrückzahlungen, Dividenden etc.

> Immer den richtigen *Pegelstand* zu halten, ist die Kunst der Finanzierung, denn: zuwenig flüssige Mittel bedeutet Gefahr für den Weiterbestand des Unternehmens, zuviel flüssige Mittel aber Zinsverlust.

In dem folgenden Kapitel
geht es um die Möglichkeiten der Kapitalbeschaffung,
die sich neben den „Einnahmen aus Umsatz" anbieten.

Wie aus dem Bild deutlich wird, fließen die Mittel dem Unternehmen
— von außen zu (Außenfinanzierung) oder
— werden von innen heraus aufgebracht (Innenfinanzierung).

KAPITALBESCHAFFUNG

Zunächst sollen die Möglichkeiten der **Außenfinanzierung** behandelt werden:

AUSSENFINANZIERUNG

1. Beteiligungsfinanzierung

Jeder Unternehmer wird zunächst versuchen,
den Kapitalbedarf des Unternehmens durch eigene Mittel zu decken.
Da diese in der Regel jedoch nicht ausreichend vorhanden sind,
wird er sich andere Personen suchen,
die an dem Unternehmen teilhaben wollen (= Teilhaber)
und bereit sind, eigene Mittel einzubringen.

Die Beteiligungsfinanzierung ist *eine* Form der **Eigenfinanzierung.**

Es gibt unterschiedliche Formen der Teilhaberschaft:

— mehrere Personen gründen eine **Personengesellschaft**
wie Offene Handelsgesellschaft (OHG)
oder Kommanditgesellschaft (KG)

— mehrere Personen gründen eine **Kapitalgesellschaft**
wie Aktiengesellschaft (AG)
oder Gesellschaft mit beschränkter Haftung (GmbH)

Die Mittel, die aus einer solchen Teilhaberschaft stammen,
gehören zum **Eigenkapital** des Unternehmens.
Alle diese **Eigenmittel** haben folgendes gemeinsam:

1. Eigenmittel werden nur in Ausnahmefällen,
   wie z.B. bei der Auflösung des Unternehmens,
   an die Teilhaber zurückgezahlt.
   Dieses Kapital steht dem Unternehmen
   also sehr lange zur Verfügung;
   es gibt keine Rückzahlungsschwierigkeiten.

2. Für Eigenmittel gibt es keine feste Verzinsung,
   sondern Anteil am Gewinn (z.T. auch am Verlust);
   bei der Aktiengesellschaft in Form der Dividende.

3. Die Teilhaber haften
   gegenüber den Gläubigern des Unternehmens mit ihrer Einlage,
   d.h. im Konkursfall werden erst die Gläubiger ausgezahlt.
   Nur, wenn dann noch etwas übrig bleibt,
   bekommen die Anteilseigner als letzte den Rest
   (meist bekommen sie nichts, d.h. sie verlieren ihre Einlage).
   Bei OHG und KG geht die Haftung noch darüber hinaus.

4. Die Teilhaber dürfen je nach Unternehmensform
   mehr oder weniger bei der Geschäftsführung mitreden
   und sich über das Unternehmen informieren.
   Bei einer Aktiengesellschaft z.B. werden die Aktionäre
   in der sog. Hauptversammlung
   über das Betriebsgeschehen informiert,
   sie stimmen u.a.
   über Gewinnverwendung und Kapitalerhöhungen ab,
   wählen die Aktionärsvertreter in den Aufsichtsrat usw.

Ist der Bedarf an Eigenkapital sehr groß,
so kann er in der Regel nur
durch Gründung einer Aktiengesellschaft gedeckt werden,
da bei der AG sehr viele Kapitalgeber (Aktionäre) beteiligt sind.
Bei großen Aktiengesellschaften
sind 200000 Aktionäre keine Seltenheit.

KAPITALBESCHAFFUNG

2. Kreditfinanzierung

Die Ausstattung eines Unternehmens
allein mit Eigenmitteln ist in der Regel

— nicht möglich, weil es nicht genügend Kapitalgeber gibt,
Fremdkapital sich teilweise automatisch
durch den Geschäftsablauf
„in das Unternehmen drängt",
z.B. Anzahlungen von Kunden, Lieferantenkredite

— nicht sinnvoll, weil Eigenkapital teuer ist,
denn die Kapitalgeber
wollen eine vernünftige Verzinsung ihrer Einlagen;
und weil man Eigenkapital
nicht so leicht wieder los wird,
eignet es sich nicht zur Schließung einer *kurzfristigen,*
vorübergehenden Finanzierungslücke.

Aus diesen Gründen wird immer ein Teil des Kapitalbedarfs
durch Kreditfinanzierung (Fremdfinanzierung) beschafft.
Die wichtigsten Möglichkeiten der Kreditfinanzierung sind:

— Banken geben Darlehen und Kredite
oder zeichnen Anleihen
— Lieferanten geben Zahlungsaufschub (Ziel)
— Kunden geben Anzahlungen
— Privatpersonen oder Haushalte zeichnen Anleihen

Alle **Fremdmittel** haben folgende Gemeinsamkeiten:
1. Sie müssen nach einer bestimmten Zeit
   (kurz-, mittel-, langfristig) zurückgezahlt werden.
2. Für die Überlassung der Mittel
   muß fester Zins bezahlt werden
   (auch wenn kein Gewinn übrigbleibt!)
3. Der Gläubiger will möglichst hohe Sicherheit.
   Je höher das Risiko ist,
   desto mehr Zins wird er verlangen.
   Sicherheiten für den Gläubiger sind
   z.B. Pfandrechte an einem Grundstück (Hypothek)
   oder Übereignung von Sachanlagen.

Der Fremdkapitalgeber wird die
als Sicherheit angebotenen Vermögenswerte
nur bis zu einem bestimmten %-Satz beleihen,
damit er bei einem eventuellen Zwangsverkauf
— der häufig nicht den tatsächlichen Wert erbringt —
wenigstens so viel erlöst, wie seine Ansprüche ausmachen.
Was über die Beleihungsgrenze hinausgeht,
muß also mit Eigenmitteln finanziert werden.

KAPITALBESCHAFFUNG

INNENFINANZIERUNG

1. Selbstfinanzierung

Man spricht von Selbstfinanzierung,
wenn die Teilhaber einen Teil des Gewinnes
der abgelaufenen Geschäftsperiode
im Unternehmen stehen lassen
und damit diese Mittel dem Unternehmen erhalten.

Der im Unternehmen belassene Gewinn erhöht das **Eigenkapital.**

Die Selbstfinanzierung, bei der die Mittel von innen kommen
(also direkt aus dem Unternehmen selbst),
ist die *andere* Form der bereits erwähnten **Eigenfinanzierung.**

Bei der Aktiengesellschaft gibt es folgende Besonderheiten:

Nicht entnommener Gewinn
wird bei der AG als **Rücklage** bezeichnet.
Eine AG muß „nicht ausgeschütteten Gewinn"
mit über 50% versteuern (Körperschaftsteuer),
d.h. um 1 Mio in die Rücklagen einstellen zu können,
müssen über 2 Mio (vor Steuerabzug) verdient worden sein.

Rücklagen haben die angenehme Eigenschaft,
daß sie nicht mit Dividende zu bedienen sind
— d.h. sie kosten dem Unternehmen im weiteren Verlauf nichts mehr —
und daß sie nicht zurückbezahlt werden müssen.

2. Finanzierung aus Abschreibung

„Finanzierung aus Abschreibung" ist ein oft benützter Begriff.
Für den Laien stellt sich hierbei die Frage,
wie man denn mit Abschreibungen finanzieren kann,
d.h. wie man mit Abschreibungen z.B. einen Lieferanten bezahlen will.

Abschreibung ist der Ausdruck für die
Wertminderung bei Vermögensteilen (z.B. Betriebsmittel)

Ein Beispiel:

*Betrug der Wert einer Maschine
am Anfang eines Geschäftsjahres 10000.— DM,
so könnte die Maschine am Ende des Jahres
durch Abnutzung nur noch 8000,— DM wert sein.
Der Differenzbetrag von 2000,— DM
stellt die Wertminderung der Maschine dar
und wird abgeschrieben.
Mit den 2000,— DM kann das Unternehmen
aber keinen Lieferanten bezahlen,
da dieser Betrag nur eine rechnerische Größe ist.
Um darüber verfügen zu können,
müssen die 2000,— DM erst einmal verdient werden.
Es müssen also beim Verkauf der gefertigten Produkte
Erlöse erzielt werden,
die einen Anteil für die Abnutzung der Maschine beinhalten.*

Anhand der Zahlen aus dem Beispiel im 1. Kapitel (Plastikverschlüsse)
soll dies genauer ausgeführt werden.

KAPITALBESCHAFFUNG

Wert der Maschinen
am Anfang des Geschäftsjahres — DM 180 000,—
Abschreibung — ./. DM 30 000,—
Wert der Maschinen
am Ende des Geschäftsjahres — DM 150 000,—

Wenn man annimmt,
daß täglich 10 000 Verschlüsse à DM —,15 verkauft werden,
so werden täglich DM 1 500,— eingenommen.

Vom täglichen Zahlungseingang müssen
bezahlt werden für:

Rohstoffe	DM 300,—
Personal	DM 600,—
Energie	DM 100,—
sonstige Ausgaben	DM 100,—
	DM 1100,—

Diese Beträge müssen im Prinzip
sofort wieder ausgegeben werden,
um den Betrieb am Laufen zu halten.
Zusätzlich muß aber im Preis noch
die Wertminderung der Maschine
abgedeckt werden.
Einer jährlichen Abschreibung
von 30 000,— DM entspricht eine
tägliche Abschreibung von ca. 120,— DM. — DM 120,—
Diese 120,— DM müssen nicht sofort wieder
ausgegeben werden.
Der verbleibende Rest von 280,— DM
stellt den Gewinn dar. — DM 280,—

= *täglicher Zahlungseingang* — DM 1500,—

Aus diesem Beispiel ist leicht zu ersehen,
daß eine Finanzierung aus Abschreibungen nur dann möglich ist,
wenn der Betrag, der abgeschrieben wird,
vom Unternehmen **verdient und eingenommen** worden ist.
Würden die täglichen Einnahmen im Beispiel nur 1 100,— DM betragen,
so wäre eine Finanzierung aus Abschreibungen nicht möglich.

Es gibt drei Möglichkeiten,
wie die verdienten Abschreibungen eingesetzt werden können:
Man kann den Anteil der Einnahmen,
der gedanklich auf den Ersatz der „Wertminderung" entfällt
(im Beispiel 120,— DM), verwenden,
- a) um neue Anlagen zu kaufen
- b) um Schulden zurückzuzahlen,
  die man zum Kauf der Maschine gemacht hat
- c) um das Geld solange aufzuheben,
  bis die alten Maschinen ersetzt werden müssen;
  dann würde die Kasse (oder das Bankkonto) des Unternehmens
  in gleichem Maße anwachsen, wie die Maschinen an Wert verlieren.

Im Normalfall werden die verdienten Abschreibungen verwendet,
um neue Maschinen zu kaufen (Möglichkeit a).
Das Eigenkapital wird bei dieser Art der Finanzierung *nicht* verändert.

Ein weiteres Beispiel:

*Wert von **10** neuen Maschinen am Anfang des Jahres*	*DM 150 000,—*
Abschreibungen (10%)	*./. DM 15 000,—*
Restwert am Ende des Jahres	*DM 135 000,—*
*Kauf von **1** neuen Maschine während des Jahres*	
(Investition in Höhe der Abschreibung)	*+ DM 15 000,—*
*Wert der nun **11** Maschinen am Ende des Jahres*	*DM 150 000,—*

Der Wert der Maschinen beträgt weiterhin 150 000,— DM;
in Wirklichkeit sind aber 11 anstatt 10 Maschinen vorhanden.
Die Reinvestition der Abschreibungen
hat also einen **Kapazitätserweiterungseffekt**.

KAPITALBESCHAFFUNG

1. Ordnen Sie die folgenden Eigenschaften den Eigenmitteln bzw. Fremdmitteln zu!

	Eigenmittel	Fremdmittel
Die Mittel stehen in jedem Fall sehr langfristig zur Verfügung	○	○
Die Kapitalgeber erhalten ihren „Lohn" für die Hingabe des Geldes jährlich in der festgesetzten Höhe	○	○
Die Kapitalgeber haben ein gewisses Mitspracherecht im Unternehmen	○	○
Die Kapitalgeber werden am Gewinn/Verlust beteiligt	○	○

2. Bei der Selbstfinanzierung belassen die Teilhaber einen Teil des Gewinnes im Unternehmen. Wie wird dieser nicht entnommene Gewinn bei einer Aktiengesellschaft bezeichnet?

....

3. Wozu werden die abgeschriebenen Beträge bei der „Finanzierung aus Abschreibungen" in der Regel verwendet?

....

4. Ein Textilunternehmen hat am Anfang des Geschäftsjahres 100 Webmaschinen im Wert von insgesamt 50 Mio. Es werden 10 Mio abgeschrieben und in Höhe dieses Betrages 20 neue Maschinen angeschafft. Am Ende des Geschäftsjahres hat das Unternehmen

.... Webmaschinen im Wert von insgesamt ....

Es sind bei gleichgebliebenem Kapital mehr Maschinen vorhanden.

Diesen Effekt nennt man

....

KAPITALBESCHAFFUNG

1.

	Eigen-mittel	Fremd-mittel
Die Mittel stehen in jedem Fall sehr langfristig zur Verfügung	☒	○
Die Kapitalgeber erhalten ihren „Lohn" für die Hingabe des Geldes jährlich in der festgesetzten Höhe	○	☒
Die Kapitalgeber haben ein gewisses Mitspracherecht im Unternehmen	☒	○
Die Kapitalgeber werden am Gewinn/Verlust beteiligt	☒	○

2. Nicht entnommenen Gewinn bezeichnet man bei Aktiengesellschaften als **Rücklage**.

3. Abgeschriebene Beträge verwendet man bei der Finanzierung aus Abschreibungen **zum Kauf neuer Maschinen/Anlagen**.

4. Das Unternehmen hat am Ende des Geschäftsjahres **120** Webmaschinen im Wert von insgesamt **50 Mio.**

   Diesen Effekt nennt man **Kapazitätserweiterungseffekt**.

KAPITALBESCHAFFUNG

Die Kapitalbeschaffung (Finanzierung) ist eine ständige Tätigkeit.
Jedes Unternehmen muß laufend darum bemüht sein,
immer so viele flüssige Mittel zu haben, daß es zu jeder Zeit

- die laufenden Ausgaben
- die Schuldentilgung und
- die notwendigen Investitionen (Ersatz, Erweiterung)

bestreiten kann.

Eine Finanzklemme ist die größte Gefahr für ein Unternehmen.
Sie kann unter Umständen in wenigen Tagen zum *Konkurs,*
d.h. zur zwangsweisen Auflösung des Unternehmens führen.

Die meisten Pleiten werden durch Finanzierungsprobleme ausgelöst.
Es gibt besonders in der jüngsten Wirtschaftsgeschichte
einige bemerkenswerte Beispiele dafür, daß Finanznot
— nicht selten durch die grobe Verletzung
von Finanzierungsgrundsätzen —
auch große Unternehmen
an den Rand des Ruins gebracht hat.

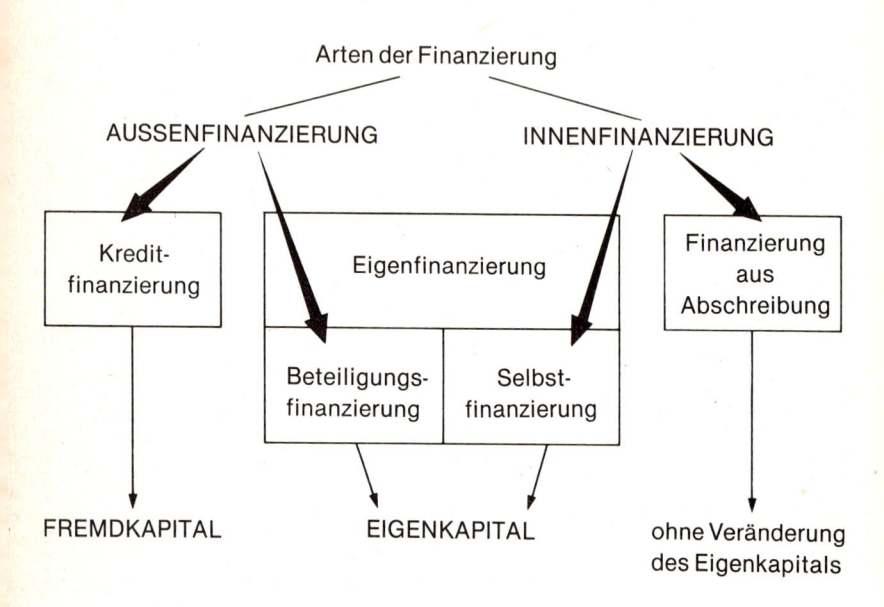

Die folgende Darstellung
faßt alle besprochenen Finanzierungsarten zusammen.

```
                        Arten der Finanzierung
              ┌────────────────┴────────────────┐
        AUSSENFINANZIERUNG              INNENFINANZIERUNG
              │                                 │
    ┌─────────┼─────────────────────┐           │
    ▼         ▼                     ▼           ▼
┌────────┐  ┌──────────────────────────┐  ┌──────────────┐
│ Kredit-│  │      Eigenfinanzierung   │  │ Finanzierung │
│finan-  │  ├──────────────┬───────────┤  │     aus      │
│zierung │  │Beteiligungs- │ Selbst-   │  │ Abschreibung │
│        │  │finanzierung  │finanzierung│ │              │
└───┬────┘  └──────┬───────┴───────────┘  └──────┬───────┘
    │              │                              │
    ▼              ▼                              ▼
FREMDKAPITAL   EIGENKAPITAL               ohne Veränderung
                                          des Eigenkapitals
```

KAPITALBESCHAFFUNG

1. Was versteht man unter Kapitalbeschaffung (Finanzierung)?

    Beschaffung der Mittel
    für die Gründung eines Unternehmens ○

    Beschaffung der Mittel für die Gründung
    und laufende Betriebstätigkeit eines Unternehmens ○

2. Wie ändert sich (+ oder ./.)
   das Eigen- bzw. Fremdkapital
   bei den folgenden Vorgängen?

	Eigenkapital	Fremdkapital
Aufnahme einer Anleihe	☐	☐
Rückzahlung eines Bankdarlehens	☐	☐
Bildung einer Rücklage aus dem Gewinn	☐	☐
Ausgabe neuer Aktien	☐	☐

3. Ordnen Sie die verschiedenen Finanzierungsarten
   der Außen- bzw. Innenfinanzierung zu!

	Außenfinanzierung	Innenfinanzierung
Aufnahme eines Darlehens	○	○
Selbstfinanzierung	○	○
Finanzierung aus Abschreibung	○	○
Kapitalerhöhung bei AG	○	○

4. Durch zu wenig beschafftes Kapital
   ist die Zahlungsbereitschaft eines Unternehmens
   und somit seine Existenz gefährdet.
   Welchen Nachteil
   hat *zuviel* beschafftes Kapital? ....

KAPITALBESCHAFFUNG

1. Unter Kapitalbeschaffung versteht man die

    ○
    Beschaffung der Mittel für die Gründung **und** laufende Betriebstätigkeit eines Unternehmens ⊗

2.

	Eigenkapital	Fremdkapital
Aufnahme einer Anleihe	−	+
Rückzahlung eines Bankdarlehens	−	％
Bildung einer Rücklage aus dem Gewinn	+	−
Ausgabe neuer Aktien	+	−

3.

	Außenfinanzierung	Innenfinanzierung
Aufnahme eines Darlehens	⊗	○
Selbstfinanzierung	○	⊗
Finanzierung aus Abschreibung	○	⊗
Kapitalerhöhung bei AG	⊗	○

4. Nachteil von zuviel beschafftem Kapital: **Zinsverlust**

FINANZIERUNGSGRUNDSÄTZE

Um ein Unternehmen wirtschaftlich „über die Runden" bringen zu können,
muß dafür gesorgt werden,
daß es jederzeit den fälligen Zahlungsverpflichtungen nachkommen kann,
d.h., es muß immer *liquid* sein.

Das Unternehmen kann in der Regel
nur durch die richtige Ermittlung des zu erwartenden Kapitalbedarfs
bei gleichzeitiger Nutzung
der gegebenen Möglichkeiten der Kapitalbeschaffung
liquid gehalten werden.
Um jedoch an Kapital zu kommen,
muß das Unternehmen *kreditwürdig* sein.
Nun sieht man aber einer Firma nicht so ohne weiteres an,
ob man es wagen kann, in sie Kapital zu investieren.

Die Banken haben sich im Laufe der Zeit
einige Grundsätze (Faustregeln) entwickelt,
nach denen sie die Kreditwürdigkeit eines Unternehmens beurteilen.
Jedes Unternehmen wird deshalb seine Finanzverhältnisse
nach diesen Faustregeln ausrichten,
damit von dieser Seite die Voraussetzungen
für die Beschaffung der benötigten Mittel gegeben sind.

Bevor die einzelnen Finanzierungsgrundsätze behandelt werden,
soll kurz die **Bilanz** vorgestellt werden,
aus der die Finanzverhältnisse eines Unternehmens
abgelesen werden können.

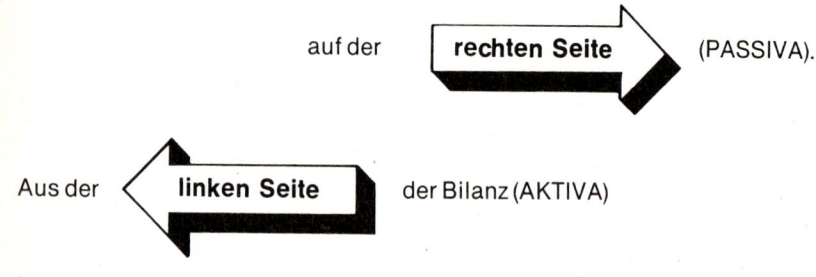

In der Bilanz steht
die *Herkunft der Mittel* (Art der Schulden)

auf der **rechten Seite** (PASSIVA).

Aus der **linken Seite** der Bilanz (AKTIVA)

kann man ersehen, wozu dieses Kapital *verwendet* wurde,
z.B. zum Kauf von

> Grundstücken, Gebäuden,
> Maschinen = **ANLAGEVERMÖGEN**
>
> oder zum Kauf von
> Material, oder als Kassenbestand
> = **UMLAUFVERMÖGEN**

AKTIVA und **PASSIVA**
müssen *gleich groß* sein,
denn es kann immer nur
das Kapital verwendet werden,
das als Eigen- oder Fremdkapital
vorhanden ist.

Die Größe der
Flächen in der Abbildung
entspricht der Höhe
der jeweiligen Beträge.

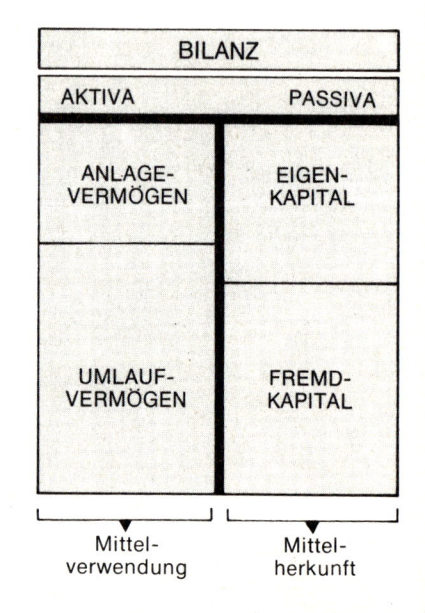

BILANZ	
AKTIVA	PASSIVA
ANLAGE-VERMÖGEN	EIGEN-KAPITAL
UMLAUF-VERMÖGEN	FREMD-KAPITAL
Mittel-verwendung	Mittel-herkunft

FINANZIERUNG

Und nun zu den Faustregeln:

1 | Langfristig gebundenes Vermögen soll durch langfristig zur Verfügung stehendes Kapital, kurzfristig gebundenes Vermögen durch kurzfristig zur Verfügung stehendes Kapital finanziert werden

Diese Faustregel
bezeichnet man auch als „Goldene Finanzregel".

Durch die laufende Betriebstätigkeit werden immer Mittel gebunden
und nach einer gewissen Zeit wieder freigesetzt.
Bei einer Maschine dauert es unter Umständen 10 Jahre,
bis sie sich über die verdienten Abschreibungen
in flüssige Mittel zurückverwandelt hat.
Beim Kauf von Rohmaterial
dauert die Rückverwandlung in flüssige Mittel nur so lange,
bis die aus diesem Rohmaterial gefertigten Waren
verkauft und bezahlt sind.
Die Schulden, die man zum Kauf des Rohmaterials gemacht hat,
kann man dann zurückzahlen.

Eine Maschine gehört zum *Anlagevermögen* des Unternehmens.
Anlagevermögen ist *langfristig gebundenes Vermögen*.

Das Rohmaterial zählt zum *Umlaufvermögen*.
Umlaufvermögen ist *kurzfristig gebundenes Vermögen*.

Zum *langfristig zur Verfügung stehenden Kapital*
zählt man das gesamte Eigenkapital
und langfristiges Fremdkapital
wie Anleihen, Darlehen und Kredite mit längerer Laufzeit.

Das *kurzfristig zur Verfügung stehende Kapital*
besteht in der Regel aus Lieferantenkrediten und Bankkrediten
mit kurzer bis mittlerer Laufzeit.

Ein Beispiel:

Die Anschaffung einer Maschine kostet 80000,— DM.
Nach der „Goldenen Finanzregel" muß diese Maschine,
die zum langfristig gebundenen Vermögen gehört,
mit langfristig zur Verfügung stehendem Kapital finanziert werden.
Das könnte ein Darlehen mit einer Laufzeit von 10 Jahren sein.

Theoretisch könnte die Maschine
auch mit einem 1-Jahreskredit finanziert werden.
Dieser müßte natürlich nach Ablauf des Jahres zurückgezahlt werden.
Es müßte ein neuer Kredit aufgenommen werden,
denn vom Kunden sind die Mittel noch nicht zurückgeflossen.
Damit sind die Sorgen
nur bis zur Fälligkeit des neuen Kredits aufgeschoben.

Was passiert aber,
wenn sich einmal wegen Geldverknappung durch die Bundesbank
oder wegen schlechter Ertragslage
bei ungünstiger Konjunktur kein Geldgeber findet?
(Vielleicht auch deswegen,
weil die „Goldene Finanzregel" nicht eingehalten wurde!)
Dann muß irgend ein Teil des Vermögens zu Geld gemacht werden.
Das bedeutet: Notverkauf bei schlechten Preisen,
was unter Umständen ein schmerzlicher Eingriff
in die Substanz des Unternehmens sein kann
(man müßte u.U. 2 Maschinen verkaufen,
um mit dem Erlös eine bezahlen zu können).

FINANZIERUNG

Das Bild einer Bilanz,
bei der die „Goldene Finanzregel" erfüllt wird,
könnte so aussehen:

In Höhe des Anlagevermögens
ist langfristig zur Verfügung stehendes
Kapital vorhanden
(Eigenkapital + langfristiges Fremdkapital).
Es ist auch noch ein Teil des Umlaufvermögens
langfristig gedeckt.
Das ist durchaus sinnvoll, weil auch ein Teil
des Umlaufvermögens langfristig gebunden ist.

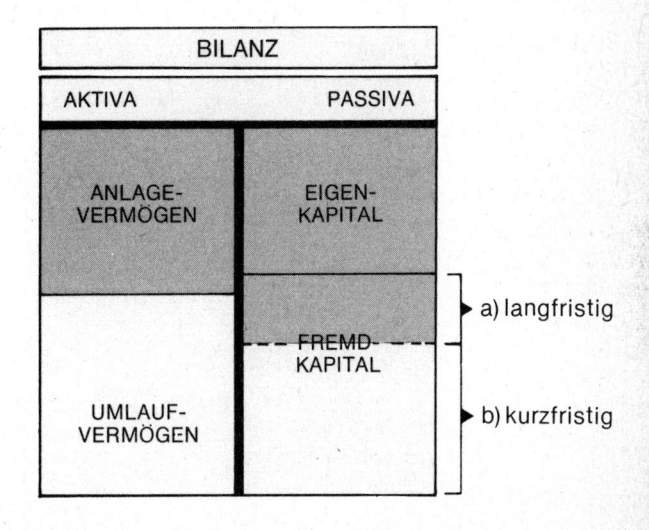

BILANZ	
AKTIVA	PASSIVA
ANLAGE-VERMÖGEN	EIGEN-KAPITAL
UMLAUF-VERMÖGEN	FREMD-KAPITAL

a) langfristig
b) kurzfristig

Es wäre sicher nicht zweckmäßig,
aus einem zu großen Sicherheitsbedürfnis heraus
alles langfristig zu finanzieren.

Da der Finanzbedarf kurzfristig schwankt,
ist eine **elastische Anpassung** erforderlich.
Das läßt sich leichter erzielen, wenn ein Teil der Mittel kurzfristig ist.
Bei manchen langfristigen Mitteln
ist nämlich eine vorzeitige Rückzahlung
nur nach besonderer Vereinbarung oder gar nicht möglich.

FINANZIERUNG

1. Die folgenden Käufe bzw. Investitionen eines Automobilunternehmens sollen unter Beachtung der „Goldenen Finanzregel" finanziert werden.

   Wie würden Sie sich entscheiden?

	Finanzierung mit *langfristig* zur Verfügung stehendem Kapital	Finanzierung mit *kurzfristig* zur Verfügung stehendem Kapital
Kauf von 10 000 Kfz-Reifen	○	○
Erwerb eines zusätzlichen Grundstücks	○	○
Kauf von 10 t Farbe	○	○
Anbau einer Fertigungshalle	○	○
Kauf einer teuren Stanzmaschine	○	○

2. Das Anlagevermögen sollte durch

   .... Mittel finanziert werden.

3. Unter kurzfristig gebundenem Vermögen versteht man

   das .... -Vermögen des Unternehmens.

4. Woraus lassen sich die Finanzverhältnisse eines Unternehmens für den Außenstehenden erkennen?

   Aus der ....

FINANZIERUNG

1. Die genannten Käufe bzw. Investitionen müssen unter Beachtung der "Goldenen Finanzregel« so finanziert werden:

	Finanzierung mit *langfristig* zur Verfügung stehendem Kapital	Finanzierung mit *kurzfristig* zur Verfügung stehendem Kapital
Kauf von 10 000 Kfz-Reifen	○	⊗
Erwerb eines zusätzlichen Grundstücks	⊗	○
Kauf von 10 t Farbe	○	⊗
Anbau einer Fertigungshalle	⊗	○
Kauf einer teuren Stanzmaschine	⊗	○

2. Das Anlagevermögen sollte durch **langfristige** Mittel finanziert werden.

3. Unter kurzfristig gebundenem Vermögen versteht man das **Umlaufvermögen** des Unternehmens.

4. Die Finanzverhältnisse eines Unternehmens lassen sich aus der **Bilanz** erkennen.

FINANZIERUNG

Eine weitere Faustregel lautet:

2 Das Anlagevermögen soll mindestens zu 100% durch Eigenkapital gedeckt sein.

Dieser Grundsatz
bringt gegenüber der „Goldenen Finanzregel"
eine weitere Erhöhung der Sicherheit.

Bei einem stetigen Wachstum des Unternehmens,
das ja immer auch
mit einem Ansteigen des Anlagevermögens verbunden ist,
muß folglich das Eigenkapital stetig aufgestockt werden.
Betriebliche Investitionen
sind dann abhängig von der Möglichkeit der **Eigenkapitalaufstockung.**

Ein Beispiel soll dies verdeutlichen:
*Eine Aktiengesellschaft verfügt über ein Anlagevermögen von 100 Mio
und ein Eigenkapital von 100 Mio,
das sich je zur Hälfte aus Grundkapital (Aktien)
und Rücklagen zusammensetzt.
Die Investitionsplanung sieht Anlagenzugänge von 30 Mio vor,
die Abschreibungen betragen 10 Mio,
so daß das Anlagevermögen tatsächlich um 20 Mio steigt.*

*Diese Steigerung verlangt eine Aufstockung des Eigenkapitals
um ebenfalls 20 Mio,
die sich z.B. aus 10 Mio Grundkapital durch Ausgabe von Aktien
und 10 Mio Rücklagen zusammensetzen sollen.*

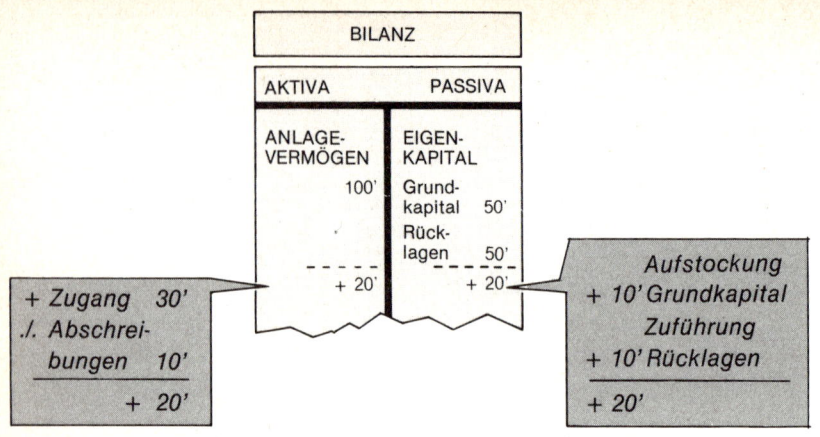

BILANZ	
AKTIVA	PASSIVA
ANLAGE-VERMÖGEN 100'	EIGEN-KAPITAL Grundkapital 50' Rücklagen 50'
+ 20'	+ 20'

+ Zugang 30'
./. Abschreibungen 10'
_____
+ 20'

Aufstockung
+ 10' Grundkapital
Zuführung
+ 10' Rücklagen
_____
+ 20'

Ist die erforderliche Eigenkapitalaufstockung nicht möglich,
z.B. weil der Kapitalmarkt nicht aufnahmefähig ist für Aktien
oder weil der Gewinn zu gering ist, um die Rücklagen bilden zu können,
so müßten die Investitionen eingeschränkt werden.
z.B.:

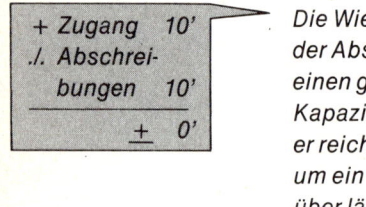

+ Zugang 10'
./. Abschreibungen 10'
_____
± 0'

Die Wiederinvestition
der Abschreibungen bringt zwar
einen gewissen
Kapazitätserweiterungseffekt —
er reicht aber nicht aus,
um ein stetiges Wachstum
über längere Zeit hinweg
zu ermöglichen.

Unter Beachtung der Regel Nr. 2
kann ein stetiges Wachstum nur erreicht werden,
wenn in bestimmten Abständen das Eigenkapital aufgestockt wird.
Umsatzausweitung oder Rationalisierungen in der Fertigung
treten damit in unmittelbare Abhängigkeit
zur Beschaffung von Eigenkapital.

Unternehmen, die wachsen wollen, brauchen deshalb unbedingt Gewinn,
damit sie einen Teil zur Selbstfinanzierung einsetzen können.

FINANZIERUNG

3 Kurzfristige Schulden sollen mindestens zu 100% durch flüssige Mittel und kurzfristig liquidierbares Vermögen gedeckt sein.

Eine Finanzierung nach diesem Grundsatz stellt sicher,
daß ein Unternehmen seine Verpflichtungen jederzeit voll erfüllen kann.
Zum kurzfristig liquidierbaren Vermögen gehören z.B.

> Wechsel
> festverzinsliche Wertpapiere (Anleihen, Pfandbriefe)
> Aktien
> Schuldscheine

4 Risikoreiche Investitionen sollen mit Eigenkapital finanziert sein.

Als *risikoreich* kann man z.B.
Investitionen für die Entwicklung neuer Produkte bezeichnen.
Falls diese Mittel verloren gehen,
weil sie über den erwarteten Umsatz nicht wieder hereinkommen,
wird das Unternehmen
nicht durch Rückzahlungsverpflichtungen in seiner Liquidität belastet,
denn Eigenkapital braucht ja nicht zurückgezahlt zu werden.

Die vier behandelten Finanzierungsgrundsätze
basieren auf einer Gegenüberstellung
der Vermögens- und Kapitalposten der Bilanz.

Da das Vermögen links und das Kapital rechts in der Bilanz stehen,
spricht man von einem

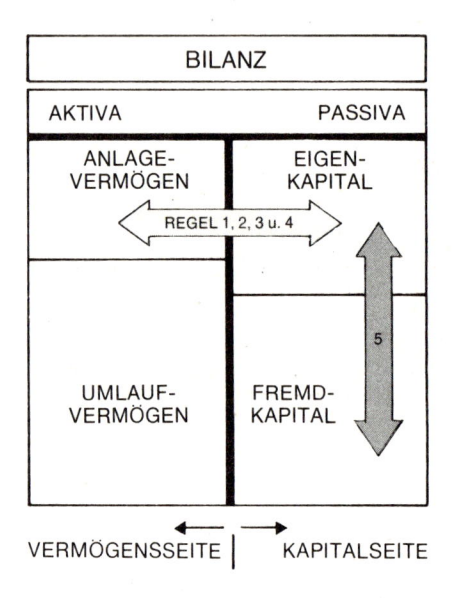

horizontalen Vergleich.

BILANZ	
AKTIVA	PASSIVA
ANLAGE-VERMÖGEN	EIGEN-KAPITAL
REGEL 1, 2, 3 u. 4	
UMLAUF-VERMÖGEN	FREMD-KAPITAL

← VERMÖGENSSEITE | KAPITALSEITE →

Im folgenden Grundsatz
werden die Posten der Kapitalseite
verglichen
= *vertikaler Vergleich*

FINANZIERUNG

5 Das Verhältnis von Fremdkapital zu Eigenkapital (Verschuldungsgrad) soll angemessen sein.

Als angemessen werden Verhältnisse
in der Größenordnung von 2:1 angesehen.
Dieser Grundsatz muß jedoch immer im Vergleich
mit dem *branchentypischen* Verhältnis
von Fremdkapital zu Eigenkapital gesehen werden.

Ein Beispiel:

*Angenommen, das branchentypische Verhältnis
von Fremd- zu Eigenkapital in der Elektrobranche beträgt 2:1,
so hätte ein Unternehmen,
das ein Fremdkapital von 38 Mio und ein Eigenkapital von 20 Mio hat,
durchaus einen angemessenen Verschuldungsgrad (1,9 : 1) aufzuweisen.*

Ein zu hoher Verschuldungsgrad
gefährdet Sicherheit und Selbständigkeit eines Unternehmens.

Die *Sicherheit* des Unternehmens gerät in Gefahr

— durch die hohe Zinsbelastung,
   die durch den großen Anteil des Fremdkapitals anfällt;

— durch die Verpflichtung zur Rückzahlung des Fremdkapitals
   und die dadurch entstehende Belastung der Liquidität.

Die *Selbständigkeit* des Unternehmens wird gefährdet

— durch Eingriffe und Einflußnahme der Gläubiger,
   die zwar kein gesetzliches Mitspracherecht haben,
   aber durch die Bedingungen,
   unter denen die Kredite gegeben werden,
   unter Umständen erheblichen Einfluß ausüben können.

   *Z.B.: Wenn ein größerer Betrag zur Rückzahlung ansteht
   und das Unternehmen ist dazu nicht in der Lage,
   werden mit dem Gläubiger Abmachungen zu treffen sein,
   die u.U. sehr tief in das Unternehmen eingreifen.*

FINANZIERUNG

1. Es soll ein völlig neuartiges Produkt gefertigt und abgesetzt werden. Womit sollen solche risikoreiche Investitionen finanziert werden?

   ....

2. Ein Unternehmen hat kurzfristige Verbindlichkeiten (Schulden) in Höhe von 1 Mio.
   Gleichzeitig besitzt es Anleihen im Wert von ebenfalls 1 Mio.

   Genügt diese Sicherheit im Sinne der Finanzierungsgrundsätze?   ja ◯   nein ◯

3. Stellen Sie den Verschuldungsgrad des Unternehmens fest, von dem die aufgezeigte Bilanz stammt!
   (branchentypischer Verschuldungsgrad = 2:1)

BILANZ	
AKTIVA	PASSIVA
ANLAGE-VERMÖGEN **45'**	EIGEN-KAPITAL **50'**
UMLAUF-VERMÖGEN **80'**	FREMD-KAPITAL **75'**

   Mit einem Verschuldungsgrad von ....

   bietet das Unternehmen ◯ überdurchschnittliche Sicherheiten

   ◯ noch ausreichende Sicherheiten

   ◯ nur ungenügende Sicherheiten

FINANZIERUNG

1. Risikoreiche Investitionen
   werden mit **Eigenkapital** finanziert.

2.
   **Wertpapiere gehören
   zum kurzfristig liquidierbaren Vermögen.**
   Deshalb sind die kurzfristigen Verbindlichkeiten
   abgesichert.   ja ⊗
                                                           ○

3. Mit einem Verschuldungsgrad von **1,5 : 1**

   bietet das Unternehmen ⊗ überdurchschnittliche Sicherheiten
                          ○
                          ○

FINANZIERUNG

Unternehmen, die sich an die aufgezeigten Grundsätze
(insbesondere 2, 3 und 5) halten,
werden in der Regel keine Schwierigkeiten haben,
Kredite von Banken zu erhalten.
Sie brauchen in der Regel keine *dinglichen Sicherheiten* zu bieten.
Dingliche Sicherheiten sind
Pfandrechte wie Hypothek, Grundschuld oder Sicherungsübereignung.

Ein solches Unternehmen
erscheint den Geldgebern eben sicherer als Unternehmen,
die diese Grundsätze nicht einhalten.
Die Geldgeber werden außerdem auch bereit sein,
in solchen Fällen *günstigere Konditionen* einzuräumen.
Das beeinflußt natürlich wieder die Rentabilität des Unternehmens,
denn Zinseinsparungen erhöhen den Gewinn.

Wie in allen Bereichen des Unternehmens muß auch in der Finanzierung
über jeder Entscheidung die **Rentabilität** stehen.

Zuviel bereitgestellte Mittel (Überkapitalisierung),
ein unnötig hoher Bestand an flüssigen Mitteln und
zu teuere Kredite verschlechtern die Rentabilität.

In den drei Bänden „Der Schlüssel zum Industriebetrieb"

haben Sie einen Überblick
über die wirtschaftlichen Grundzusammenhänge gewonnen.

Sie haben sich besonders mit den vier wesentlichen Funktionsbereichen
eines Unternehmens beschäftigt, nämlich

BESCHAFFUNG

PRODUKTION

ABSATZ

FINANZIERUNG

In diesen Bereichen müssen ständig Entscheidungen getroffen werden.
Richtig entscheiden kann nur, wer

1. die *Ziele* kennt

2. die nötigen *Informationen* hat

3. die Möglichkeit einer *Auswahl* aus mehreren Alternativen hat

4. die *Auswirkungen* der Entscheidungen kennt.

Mit Entscheidungen will man bestimmte Wirkungen erzielen.
Man muß deshalb genau überlegen,
in welcher Weise sich eine Entscheidung auswirkt,

> z.B.: „Das Vertriebsergebnis soll verbessert werden."
> Hier ist die Frage,
> ob eine Preiserhöhung zur gewünschten Wirkung führt.

Es kann aber auch sein, daß eine Entscheidung ansteht
und deren Auswirkung eingeplant werden muß,

> z.B.: „ Eine Maschine ist defekt und muß ersetzt werden."
> Hier stellt sich die Frage,
> wie sich die Anschaffung der Maschine auswirkt.

Planung bedeutet „Vorausdenken".
Sie ist ein wichtiger Schritt im Entscheidungsprozeß.

Bei einer exakten Planung werden bestimmte Entscheidungen
gedanklich vorweggenommen
— wobei vielleicht verschiedene Möglichkeiten durchgespielt werden —
und daraus die zu erwartenden Auswirkungen abgeleitet.

Die Planung wird zum Auslöser von Entscheidungen,
wenn ein genehmigter Plan in die Tat umgesetzt werden soll.

Ein Beispiel:

*Es wird die Rationalisierung der Produktion geplant
mit dem Ziel, die Fertigungslöhne zu senken.
Soll dieser Plan verwirklicht werden,
so muß man die Entscheidung
für die Anschaffung modernerer Maschinen treffen.
Zum Zeitpunkt dieser Entscheidung
ist noch nicht genau erkennbar,
in welchem Umfang die erwartete Einsparung eintritt.
Sicher ist jedoch,
— um nur eine Auswirkung der Entscheidung „Bestellen" zu erwähnen —,
daß Geld für die Anschaffung der Maschinen bereitgestellt werden muß.*

Die Auswirkungen von Entscheidungen setzen oft viel später ein.
Es muß deshalb meist lange im voraus gedacht und gehandelt werden,
bei langen Lieferfristen muß man die Bestellung
u. U. Monate oder Jahre im voraus tätigen.

Da Entscheidungen in einem Industriebetrieb
also in den allermeisten Fällen
eine sehr vielseitige Wirkung haben,
müssen Entscheidungen auf *alle möglichen* Wirkungen hin überdacht sein.
Nur so sichert man sich vor unerwünschten Nebenwirkungen.

Unternehmensführung verlangt aus diesen Gründen
auf allen Betriebsebenen

Ständiges Planen

damit rechtzeitig die erforderlichen Entscheidungen
getroffen werden können.

Nur bei einer planmäßigen Vorgehensweise kann man sicher sein,
das gesetzte Ziel auch wirklich zu erreichen.

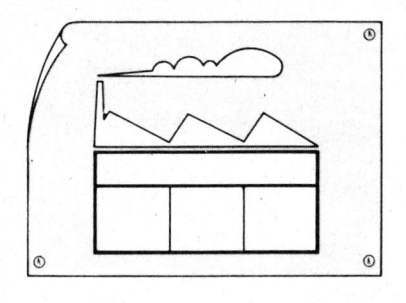

Entscheidungen im Finanzbereich

Wie stark die einzelnen Pläne
schon in einem
verflochten sind, und
wie vielseitig die Auswirkungen
von Entscheidungen sind,
wird im Rahmen des
SCHLUSSTESTS
in einem Planungsbeispiel
deutlich werden.

Zur Einstimmung
werden vor der Durcharbeit
des Planungsbeispiels
noch einige Begriffe
und Zusammenhänge abgefragt.

Schlußtest — Planungsbeispiel

Schlußtest

Planungsbeispiel

Personalplan
Materialbeschaffungsplan
Materialbeständeplan
Maschinenkapazitätsplan
Ergebnisplan
Liquiditätsplan
Planbilanz

Absatzschwierigkeiten machen die Aufnahme neuer, andersartiger Produkte in das Produktionsprogramm erforderlich.
In welchen Bereichen sind die folgenden Entscheidungen zu treffen?

Betroffener Bereich

	Beschaffung	Produktion	Absatz	Finanzierung
Neue Planung vornehmen	○	○	○	○
Betriebsmittel neu disponieren	○	○	○	○
Disposition der Rohstoffe ändern	○	○	○	○
Neue Arbeitspläne erstellen	○	○	○	○
Arbeitskräfte/Verkaufspersonal umschulen	○	○	○	○
Liquidität überprüfen	○	○	○	○
Werbung für die neuen Produkte betreiben	○	○	○	○
Personalplanung neu betreiben	○	○	○	○
Neue Rohstoff- bzw. Absatzmärkte suchen	○	○	○	○
Marktuntersuchungen vornehmen	○	○	○	○
Neue Disposition der zu beziehenden Fertigprodukte	○	○	○	○
Arbeitsplätze neu zuordnen	○	○	○	○
Kapazitätsauslastung anpassen	○	○	○	○
Erforderliche Investitionen ermitteln und vornehmen	○	○	○	○
Verkaufspreise ermitteln	○	○	○	○

!

Betroffener Bereich

	Beschaffung	Produktion	Absatz	Finanzierung
Neue Planung vornehmen	⊠	⊠	⊠	⊠
Betriebsmittel neu disponieren	⊠	⊠	⊠	⊠
Disposition der Rohstoffe ändern	⊠	⊠	○	○
Neue Arbeitsplätze erstellen	○	⊠	○	○
Arbeitskräfte/Verkaufspersonal umschulen	○	⊠	⊠	○
Liquidität überprüfen	○	○	○	⊠
Werbung für die neuen Produkte betreiben	○	○	⊠	○
Personalplanung neu erstellen	○	⊠	⊠	○
Neue Rohstoff- bzw. Absatzmärkte suchen	⊠	⊠	⊠	○
Marktuntersuchungen vornehmen	⊠	○	⊠	○
Neue Disposition der zu beziehenden Fertigprodukte	⊠	○	○	○
Arbeitsplätze neu zuordnen	○	⊠	⊠	○
Kapazitätsauslastung anpassen	○	⊠	○	○
Erforderliche Investitionen ermitteln und vornehmen	○	⊠	⊠	⊠
Verkaufspreise ermitteln	○	⊠	⊠	○

Die Produktion eines Produktes wird durch Rohstoffverknappung erheblich erschwert.

Mit welchen Maßnahmen können Sie der neuen Situation begegnen?

Kreuzen Sie an!

1. Drosselung der Produktion ○
2. Erhöhung der Verkaufspreise ○
3. Rationalisierung bei der Produktion ○
4. Verlagerung der Produktschwerpunkte auf weniger materialintensive Produkte ○

Welche Bereiche werden mitbetroffen?

	Beschaffung	Produktion	Absatz	Finanzierung
1	○	○	○	○
2	○	○	○	○
3	○	○	○	○
4	○	○	○	○

Von welcher Maßnahme werden das Unternehmen und seine Mitarbeiter am wenigsten direkt betroffen?

Wählen Sie aus!

....

!

1. Drosselung der Produktion ⊗
2. Erhöhung der Verkaufspreise ⊗
3. Rationalisierung bei der Produktion ⊗
4. Verlagerung der Produktschwerpunkte ⊗
   auf weniger materialintensive Produkte

	Beschaffung	Produktion	Absatz	Finanzierung
1	⊗	⊗	⊗	⊗
2	○	○	⊗	⊗
3	○	⊗	○	⊗
4	⊗	⊗	⊗	⊗

Von der **Maßnahme 2** werden das Unternehmen
und seine Mitarbeiter am wenigsten direkt betroffen.

Welche Funktionsbereiche sind für die nachfolgenden Entscheidungen/Tätigkeiten verantwortlich?

Ordnen Sie die Tätigkeiten den entsprechenden Bereichen zu!

1. Aufstellung eines Arbeitsplanes
2. Auswahl der Fertigungsverfahren
3. Gewinnverwendung
4. Beschaffung von Roh-, Hilfs- u. Betriebsstoffen
5. Aufstellung des Umsatzplanes
6. Ermittlung wirtschaftlicher Bestellmengen
7. Ermittlung erforderlicher Investitionen
8. Beschaffung von Fremdkapital
9. Erkundung der Absatzmöglichkeiten
10. Beobachtung des Beschaffungsmarktes
11. Gestaltung der Produkte *(betrifft 2 Bereiche)*
12. Erstellung der Bilanzen
13. Auswahl der Rohstofflieferanten
14. Marktgerechte Preisbildung

FINANZIERUNG

BESCHAFFUNG	PRODUKTION	ABSATZ

!

	FINANZIERUNG	
3	8	12

BESCHAFFUNG	PRODUKTION	ABSATZ
4	1	5
6	2	9
1o	7	11
13	11	14

Für die Produktion haben Sie einen neuen Rohstoff zu beschaffen. In welcher Reihenfolge führen Sie die folgenden Tätigkeiten aus und haben Sie es dabei mit externen oder internen Stellen zu tun?

Kreuzen Sie an!	Überstreichen Sie den richtigen Bearbeitungsweg!	Kreuzen Sie an!
Externe Stellen		Interne Stellen
○	Rohstoffmärkte untersuchen	○
○	Preisangebot einholen	○
○	Warenmuster mit Produktion u. Absatz abstimmen	○
○	Lieferantenauswahl treffen	○
○	Optimale Bestellmenge Lieferzeitpunkt festlegen	○
○	Mengen- u. Terminangaben von Produktion einholen	○
○	Materialbestellung vornehmen	○
○	Liefertermin dem Lager melden	○

!

Externe Stellen		Interne Stellen
⊗	Rohstoffmärkte untersuchen	○
⊗	Preisangebot einholen	○
⊗	Warenmuster mit Produktion u. Absatz abstimmen	○
⊗	Lieferantenauswahl treffen	⊗
⊗	Optimale Bestellmenge Lieferzeitpunkt festlegen	⊗
○	Mengen- u. Terminangaben von Produktion einholen	⊗
⊗	Materialbestellung vornehmen	○
○	Liefertermin dem Lager melden	⊗

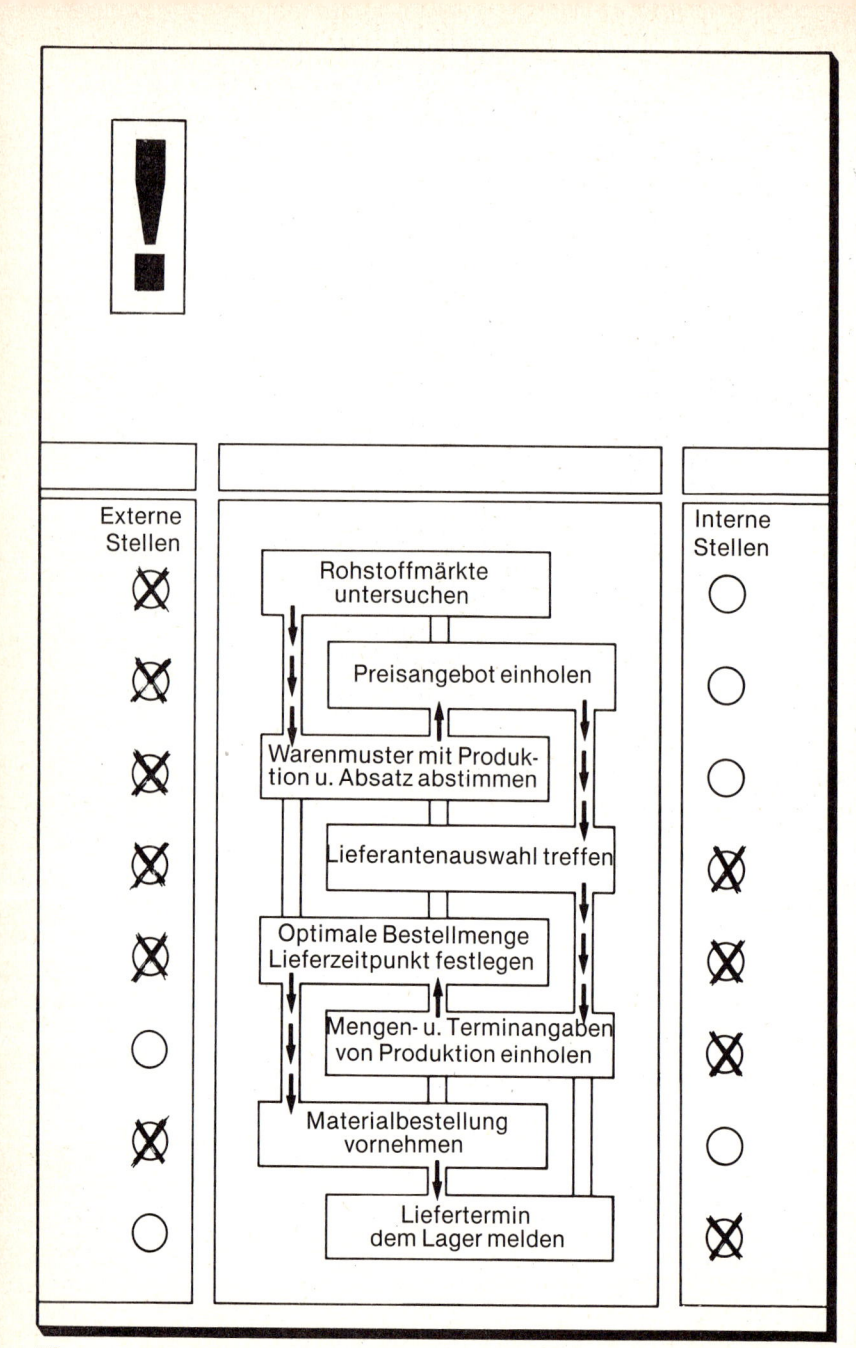

Bei der Produktion treten die folgenden Probleme auf.

Entscheiden Sie, welche der beiden Bereiche mitbetroffen sind!

Beschaffung	← Kreuzen Sie an! →	Absatz
○	Kurzarbeit erforderlich	○
○	Terminverzögerung bei der Produktion	○
○	Nacharbeit durch fehlerhafte Produktion	○
○	Ausschußquote erhöht sich	○
○	Lieferstockung bei Rohmaterial	○
○	Durch höheren Abfall/Schrott tritt zusätzlicher Materialbedarf auf	○
○	Produktionssteigerung gefordert	○
○	Ausfall von Maschinen	○
○	Zusätzlicher Eil-Auftrag muß eingeschoben werden	○

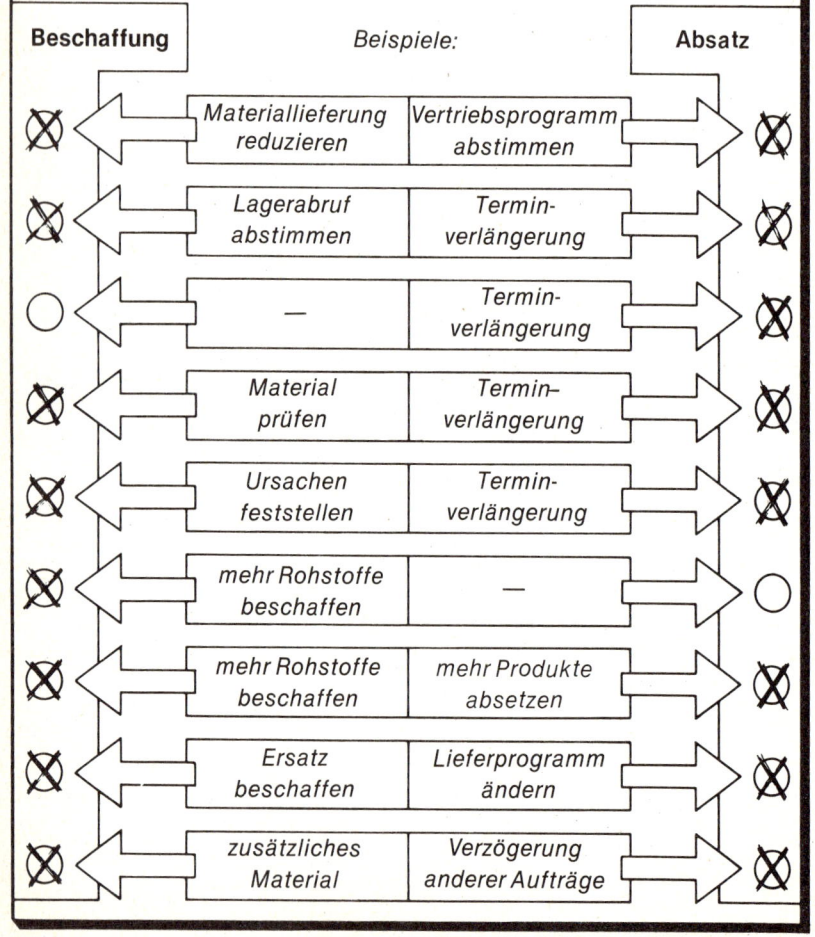

!

Beschaffung	*Beispiele:*		Absatz
⊗	Materiallieferung reduzieren	Vertriebsprogramm abstimmen	⊗
⊗	Lagerabruf abstimmen	Terminverlängerung	⊗
○	—	Terminverlängerung	⊗
⊗	Material prüfen	Terminverlängerung	⊗
⊗	Ursachen feststellen	Terminverlängerung	⊗
⊗	mehr Rohstoffe beschaffen	—	○
⊗	mehr Rohstoffe beschaffen	mehr Produkte absetzen	⊗
⊗	Ersatz beschaffen	Lieferprogramm ändern	⊗
⊗	zusätzliches Material	Verzögerung anderer Aufträge	⊗

Als Mitarbeiter im Absatzbereich haben Sie die Aufgabe, ein neues Produkt einzuführen.

Welche Abteilungen im Unternehmen werden durch ihre Veranlassungen betroffen?

z.B.:

Kasse, Finanzabteilung, Buchhaltung		
Arbeitskräftebeschaf.	Arbeitsvorbereitung	Produktgestaltung
Betriebsmittelbeschaf.	Fertigungsplanung	Werbung
Werkstoffbeschaffung	Fertigungssteuerung	Preisgestaltung
Terminüberwachung	Fertigungsstätten	Marktforschung
Auftragsüberwachung	Lager	Vertriebsorganisation
Materialprüfung	Kalkulation	Absatzplanung
	Materialdisposition	

Durch die Einführung eines neuen Produkts sind .... Abteilungen des Unternehmens betroffen.

Sie haben den Absatzplan für dieses Produkt erstellt; welche weiteren Planungen müssen im Unternehmen folgen?

ABSATZPLAN

Ordnen Sie nebenstehender Skizze zu!

1 Produktionsplan
2 Personalplan
3 Materialbeständeplan
4 Kapazitätsplan
5 Umsatzplan
6 Investitionsplan
7 Materialbeschaffungspl.
8 Abschreibungsplan

!

Durch die Einführung eines neuen Produkts sind **sämtliche** Abteilungen des Unternehmens betroffen.

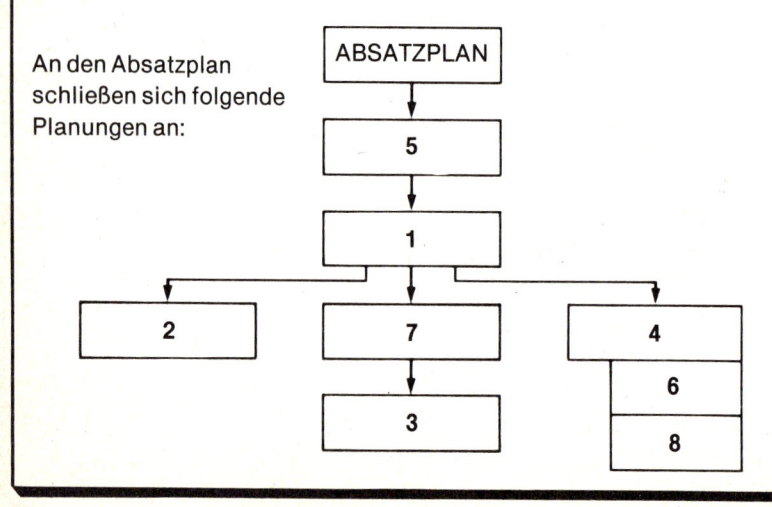

An den Absatzplan schließen sich folgende Planungen an:

```
           ABSATZPLAN
                │
                ▼
              ┌───┐
              │ 5 │
              └───┘
                │
                ▼
              ┌───┐
              │ 1 │
              └───┘
        ┌───────┼───────┐
        ▼       ▼       ▼
      ┌───┐   ┌───┐   ┌───┐
      │ 2 │   │ 7 │   │ 4 │
      └───┘   └───┘   ├───┤
                │     │ 6 │
                ▼     ├───┤
              ┌───┐   │ 8 │
              │ 3 │   └───┘
              └───┘
```

Sie haben im Finanzbereich für die Bereitstellung der Mittel zu sorgen.

Von woher können Sie die Mittel beschaffen!

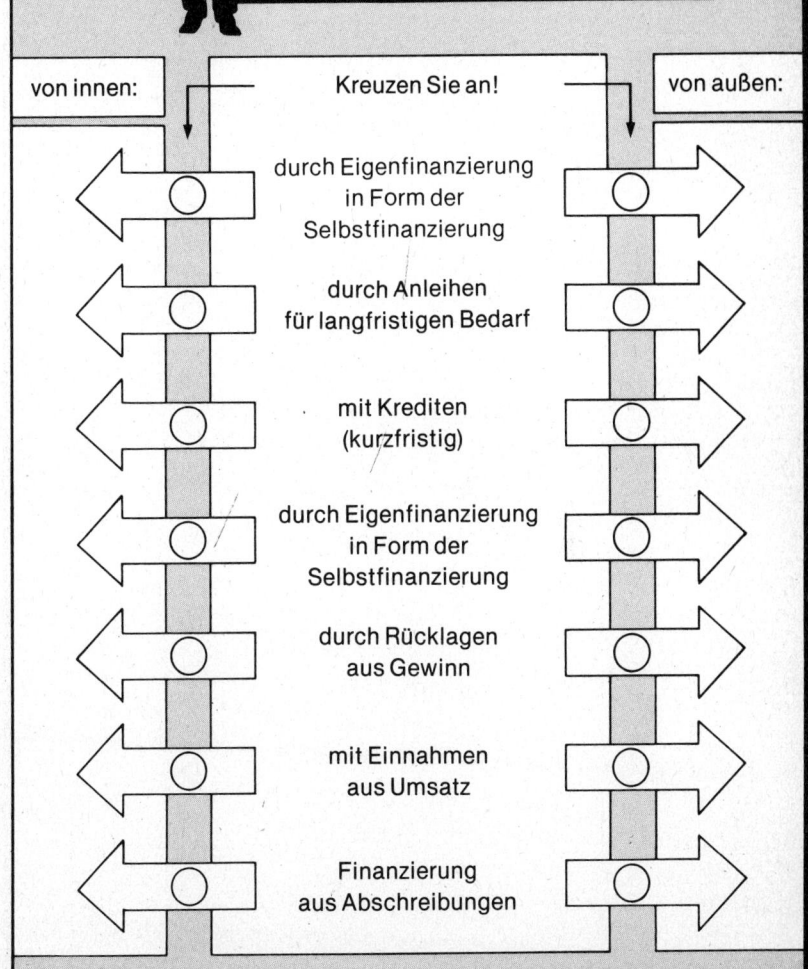

Kreuzen Sie an!

von innen:		von außen:
⇐ ○	durch Eigenfinanzierung in Form der Selbstfinanzierung	○ ⇒
⇐ ○	durch Anleihen für langfristigen Bedarf	○ ⇒
⇐ ○	mit Krediten (kurzfristig)	○ ⇒
⇐ ○	durch Eigenfinanzierung in Form der Selbstfinanzierung	○ ⇒
⇐ ○	durch Rücklagen aus Gewinn	○ ⇒
⇐ ○	mit Einnahmen aus Umsatz	○ ⇒
⇐ ○	Finanzierung aus Abschreibungen	○ ⇒

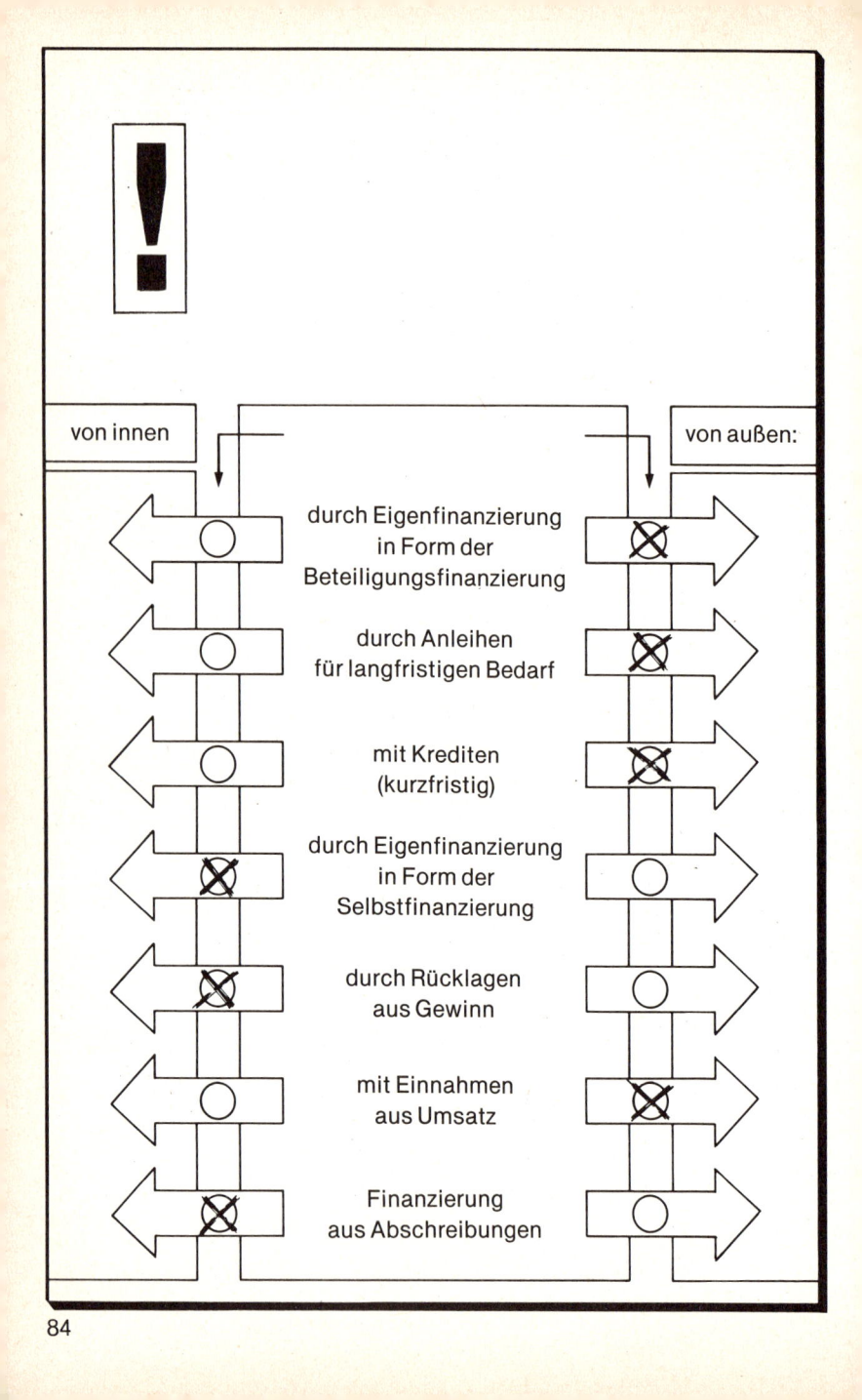

!

von innen		von außen:
⟵ ○	durch Eigenfinanzierung in Form der Beteiligungsfinanzierung	⊗ ⟶
⟵ ○	durch Anleihen für langfristigen Bedarf	⊗ ⟶
⟵ ○	mit Krediten (kurzfristig)	⊗ ⟶
⟵ ⊗	durch Eigenfinanzierung in Form der Selbstfinanzierung	○ ⟶
⟵ ⊗	durch Rücklagen aus Gewinn	○ ⟶
⟵ ○	mit Einnahmen aus Umsatz	⊗ ⟶
⟵ ⊗	Finanzierung aus Abschreibungen	○ ⟶

PLANUNGSBEISPIEL

Für einen vereinfachten Modellbetrieb
soll ein Wirtschaftsplan für ein Geschäftsjahr aufgestellt werden.
Dabei werden folgende Teilpläne erarbeitet:
- Personalplan
- Materialbeschaffungsplan
- Materialbeständeplan
- Kapazitätsplan (Investitionsplan, Abschreibungsplan)
- Ergebnisplan
- Liquiditätsplan und
- Planbilanz I und II

Die Planzahlen für Absatz und Umsatz
sowie alle erforderlichen Zusatzdaten sind vorgegeben.
Zu einem großen Teil sind die Rechnungen im Kopf durchzuführen.
Lassen Sie sich von der Vielzahl der Daten und Zahlen nicht entmutigen.
Arbeiten Sie Seite für Seite durch, und achten Sie auf alle Hinweise.

Am *rechten* Blattrand finden Sie fortlaufende Zahlen,
die alle wichtigen Resultate bezeichnen (z.B. (17)).
Sind solche Zahlen am *linken* Blattrand aufgeführt,
so dienen Sie Ihnen als Hinweis,
von wo die einzusetzende Zahl zu entnehmen ist.
Ein Beispiel:
In der Skizze
soll unten ein Betrag
eingesetzt werden.
Der Hinweis (12) auf dem
linken Blattrand sagt Ihnen,
daß Sie den einzusetzenden Betrag
in derjenigen Zeile der Seite finden,
wo der Hinweis (12) auf dem
rechten Blattrand erscheint.

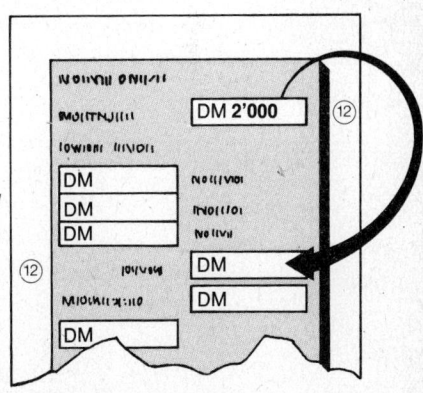

Versuchen Sie zunächst, ohne diese Hinweise auszukommen.
Sollten Sie jedoch Hilfestellung benötigen,
so werden Ihnen diese Hinweise weiterhelfen.

Kaufmännisch Vorgebildeten
dürfte das Planungsspiel keine Schwierigkeiten bereiten,
und auch Nichtkaufleute werden bei geringer Mühe viel Freude
an ihren selbstgetroffenen Entscheidungen haben.

Produkte

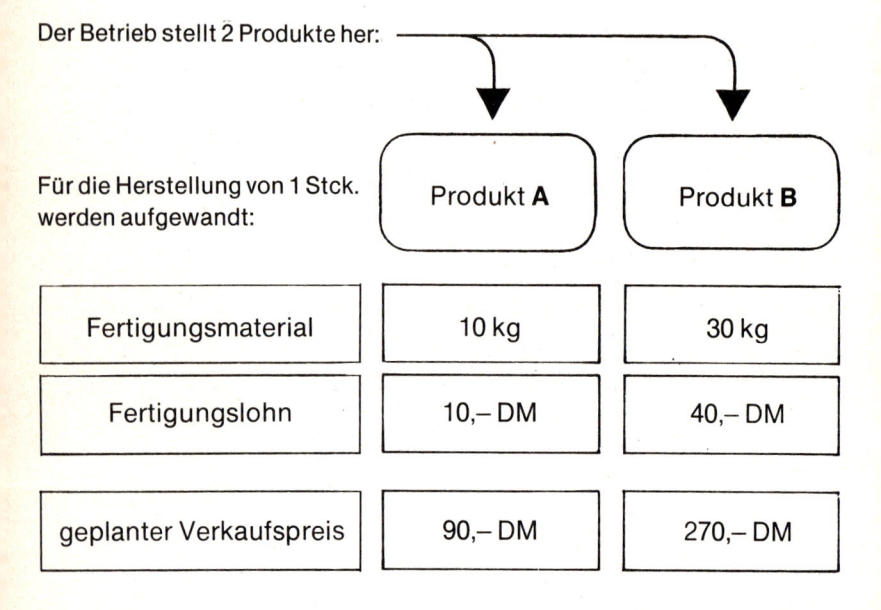

Der Betrieb stellt 2 Produkte her:

Für die Herstellung von 1 Stck. werden aufgewandt:

	Produkt **A**	Produkt **B**
Fertigungsmaterial	10 kg	30 kg
Fertigungslohn	10,– DM	40,– DM
geplanter Verkaufspreis	90,– DM	270,– DM

PLANUNGSBEISPIEL

Bilanz und **Ergebnisrechnung** des Vorjahres

BILANZ
(nach Gewinnverwendung)

AKTIVA		PASSIVA	
ANLAGEVERMÖGEN		**EIGENKAPITAL**	
Gebäude	1'000	Grundkapital	5'000
Maschinen	7'000	Rücklagen	3'000
UMLAUFVERMÖGEN		**FREMDKAPITAL**	
Mat.-Bestände	3'600	Anleihen	4'000
Forderungen	3'200	Bankkredite	2'000
Kasse	1'000	Verbindlichk. aus Warenlieferung	1'800
BILANZSUMME	15'800	BILANZSUMME	15'800

AUFWANDS- UND ERTRAGSRECHNUNG

ERTRAG

Umsatz Produkt **A**	10'350
Umsatz Produkt **B**	27'000
	37'350

./. AUFWAND

Materialverbrauch	8'300
Fertigungslohn	5'160
Sonstige Kosten	16'100
Zinsen	'370
Abschreibungen	2'920
GEWINN vor Steuer	4'500

Hier sind einige Eckwerte vorgegeben,
auf denen die Planung aufbaut.
Weitere Daten werden bei Bearbeitung der einzelnen Teilpläne gegeben,
um den Überblick zu erleichtern.

Die Werte sind immer in vollen 1 000,— DM oder in 1 000 kg angegeben,
z.B.: 1'000 entspricht 1 Million.
In einigen Fällen müssen Zahlen gerundet werden;
an den entsprechenden Stellen befinden sich Hinweise.

Der Planungsablauf und der Planungszusammenhang
sind nachfolgend dargestellt.
Gegeben sind die Werte für den Absatzplan,
den Umsatzplan und den Produktionsplan.

Absatz-Plan

A = 107.000 Stck.
B = 120.000 Stck.

Umsatz-Plan

A = 9'630 DM
B = 32'400 DM

Produktions-Plan

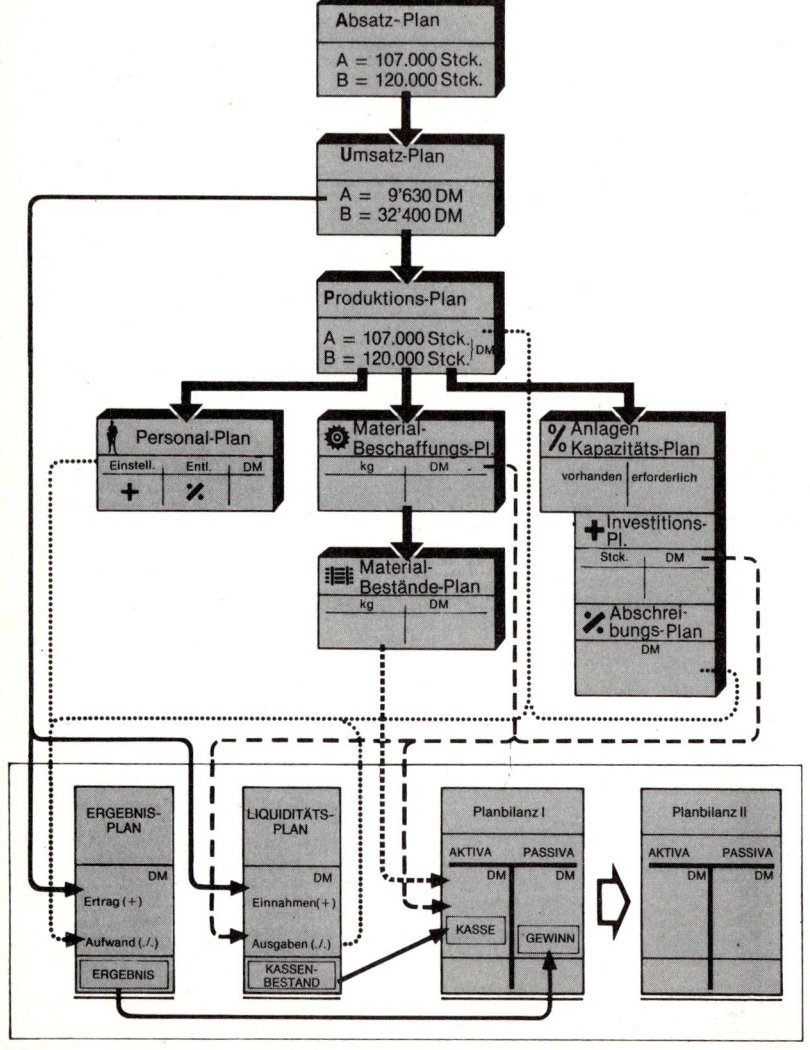

A = 107.000 Stck.
B = 120.000 Stck. / DM

Personal-Plan

Einstell.	Entl.	DM
+	%	

Material-Beschaffungs-Pl.

kg	DM

Material-Bestände-Plan

kg	DM

Anlagen Kapazitäts-Plan

vorhanden	erforderlich

+ Investitions-Pl.

Stck.	DM

Abschreibungs-Plan

DM

ERGEBNIS-PLAN

DM

Ertrag (+)

Aufwand (./.)

ERGEBNIS

LIQUIDITÄTS-PLAN

DM

Einnahmen (+)

Ausgaben (./.)

KASSENBESTAND

Planbilanz I

AKTIVA	PASSIVA
DM	DM
KASSE	GEWINN

Planbilanz II

AKTIVA	PASSIVA
DM	DM

PERSONALPLAN

Bei der Erstellung des Personalplans
muß zuerst die erforderliche Mitarbeiterzahl ermittelt werden.

Entnehmen Sie aus dem Produktionsplan in der Übersicht auf Seite 88
die geplanten Produktionsstückzahlen
und aus den Angaben auf Seite 86 den Fertigungslohn je Produkt.

Aus der Multiplikation der Zahlen ergeben sich
die Summen der Fertigungslöhne je Produkt,
die zusammen die erforderliche Lohnsumme
für unser Planbeispiel ergeben.

Der Einfachheit halber nehmen wir an,
daß für jeden Mitarbeiter ein durchschnittlicher Fertigungslohn
von DM 12000,— pro Jahr aufzuwenden ist.
Damit läßt sich die Anzahl der erforderlichen Arbeitskräfte ermitteln:

Anzahl
der erforderlichen Arbeitskräfte*) = $\dfrac{\text{GESAMTLOHNSUMME}}{12\,000,-}$

Das Ergebnis wird aufgerundet.

---

*)Diese Methode der Kopfzahlermittlung wird in der Praxis nicht üblich sein;
  es soll nur deutlich werden, daß zwischen Leistungsmenge eines Betriebes
  und den in der Produktion benötigten Arbeitskräften ein unmittelbarer Zusammenhang besteht.

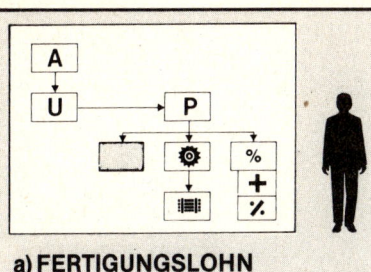

PERSONALPLAN

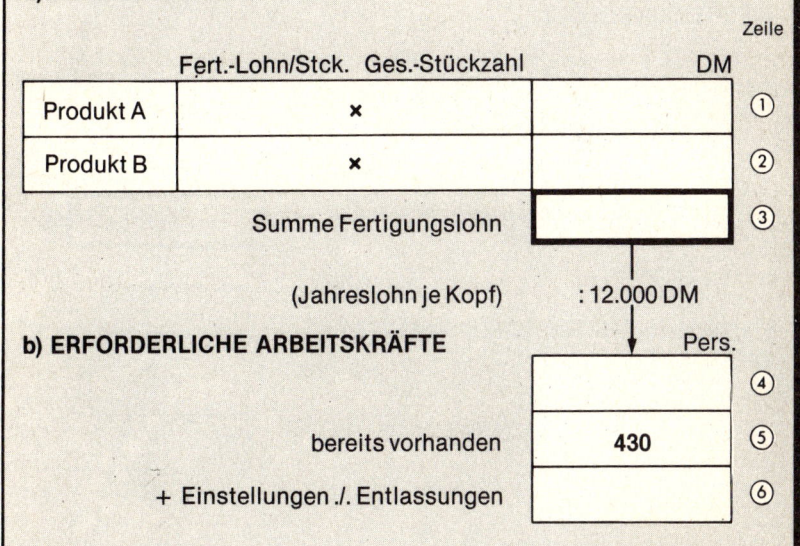

a) FERTIGUNGSLOHN

	Fert.-Lohn/Stck.	Ges.-Stückzahl	DM	Zeile
Produkt A		×		①
Produkt B		×		②
	Summe Fertigungslohn			③

(Jahreslohn je Kopf) : 12.000 DM

b) ERFORDERLICHE ARBEITSKRÄFTE

Pers.

	④
bereits vorhanden — 430	⑤
+ Einstellungen ./. Entlassungen	⑥

PERSONALPLAN

a) FERTIGUNGSLOHN

	FertLohn/Stck.	Ges.-Stückzahl	DM	
Produkt A	**10,—** ×	107.000	**1'070**	①
Produkt B	**40,—** ×	120.000	**4'800**	②
	Summe Fertigungslohn		**5'870**	③

: 12.000 DM

b) ERFORDERLICHE ARBEITSKRÄFTE

Pers.

490	④
430	⑤
+ 60	⑥

MATERIALBESCHAFFUNGSPLAN

Bei der Erstellung des Materialbeschaffungsplans
(= Festlegen der Bestellmenge)
geht man von dem Materialbedarf für die geplanten Produkte
und den vorhandenen Vorräten aus.

Die geplanten Produktionsstückzahlen sind aus dem Produktionsplan
in der Übersicht auf Seite 88 zu entnehmen.
Die benötigte Menge an Rohmaterial (in kg/Stück)
ist aus den Angaben auf Seite 86 zu ersehen.
Aus diesen Werten multipliziert sich der Gesamtbedarf je Produkt.

Im Beispiel wird angenommen,
daß aus dem Vorjahr ein Bestand von 1'800 kg vorhanden ist;
somit läßt sich errechnen, welche Menge noch fehlt.

Es liegt ein Angebot vor,
aus dem Sie sich für eine Bestellmenge entscheiden müssen.
Wählen Sie die Bestellmenge so,
daß nur einmal pro Jahr bestellt werden muß.

Überlegen Sie,
ob Sie den Jahresendbestand senken oder erhöhen wollen
oder ob es günstiger sein kann,
am Ende des Planungsjahres
etwa die gleichen Bestände wie im Vorjahr zu halten.

! Entscheiden Sie sich
für eine Bestellmenge, und rechnen Sie in allen
nachfolgenden Plänen mit dieser Menge Ihrer Disposition.
In den Lösungsfeldern sind immer drei Möglichkeiten aufgeführt,
damit Sie die Auswirkungen Ihrer Disposition
im Verhältnis zu den anderen Möglichkeiten
fortlaufend kontrollieren können.

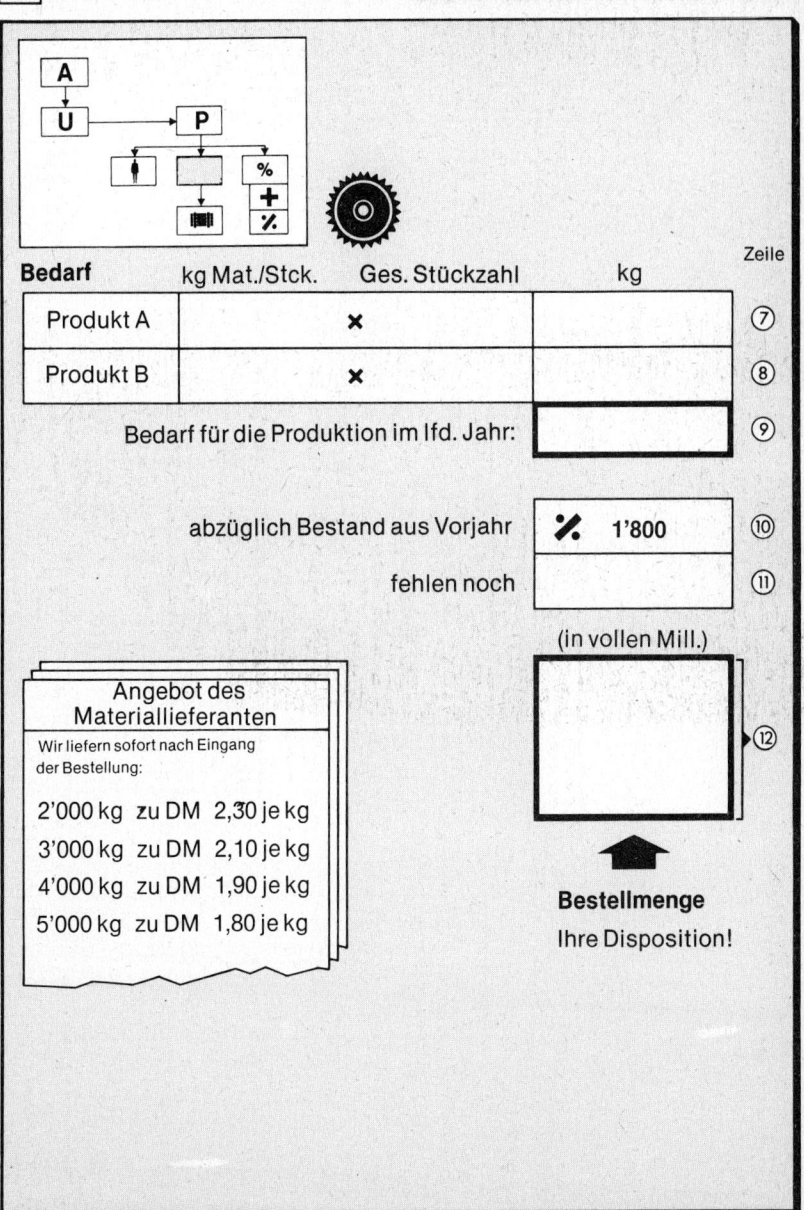

MATERIALBESCHAFFUNGSPLAN

Bedarf	kg Mat./Stck.	Ges. Stückzahl	kg	Zeile
Produkt A		×		⑦
Produkt B		×		⑧
Bedarf für die Produktion im lfd. Jahr:				⑨

abzüglich Bestand aus Vorjahr **%** 1'800 ⑩

fehlen noch ⑪

(in vollen Mill.)

⑫

Bestellmenge
Ihre Disposition!

Angebot des Materiallieferanten

Wir liefern sofort nach Eingang der Bestellung:

2'000 kg zu DM 2,30 je kg
3'000 kg zu DM 2,10 je kg
4'000 kg zu DM 1,90 je kg
5'000 kg zu DM 1,80 je kg

! MATERIALBESCHAFFUNGSPLAN

BEDARF kg Mat./Stck.   Ges. Stückzahl   kg

| Produkt A | 10 | × | 107.000 | 1'070 | ⑦ |
| Produkt B | 30 | × | 120.000 | 3'600 | ⑧ |

Bedarf für die Produktion im lfd. Jahr: **4'670** ⑨

| ٪ 1'800 | ⑩ |
| 2'870 | ⑪ |

BESTELLMENGE ➡

I	3'000
II	4'000
III	5'000

⑫

Achtung:
In den jeweiligen Lösungsfeldern zeigen wir immer drei Möglichkeiten der Entscheidung

MATERIALBESTÄNDEPLAN

Jetzt kann der Materialbeständeplan erstellt werden.
Dazu stehen die Daten aus dem Materialbeschaffungsplan
(Seite 95) zur Verfügung.

Auch die Stückpreise sind dem Angebot auf Seite 95 zu entnehmen.

Der Endbestand an Material errechnet sich nach der Formel:

ENDBESTAND =

> ANFANGSBESTAND + LIEFERUNG ./. VERBRAUCH

Bei der wertmäßigen Rechnung muß der „Verbrauch" aufgeteilt werden,
da die Teilmengen zu unterschiedlichen Stückpreisen eingekauft wurden.

Der Betrag aus dem Materialverbrauch
geht später in den Ergebnisplan ein.
Der zu erwartende Endbestand an Material
(am Ende des Planungszeitraums)
wird später in der Planbilanz auf der Aktivseite auszuweisen sein.

MATERIALBESTÄNDEPLAN
(MATERIALVERBRAUCHSPLAN)

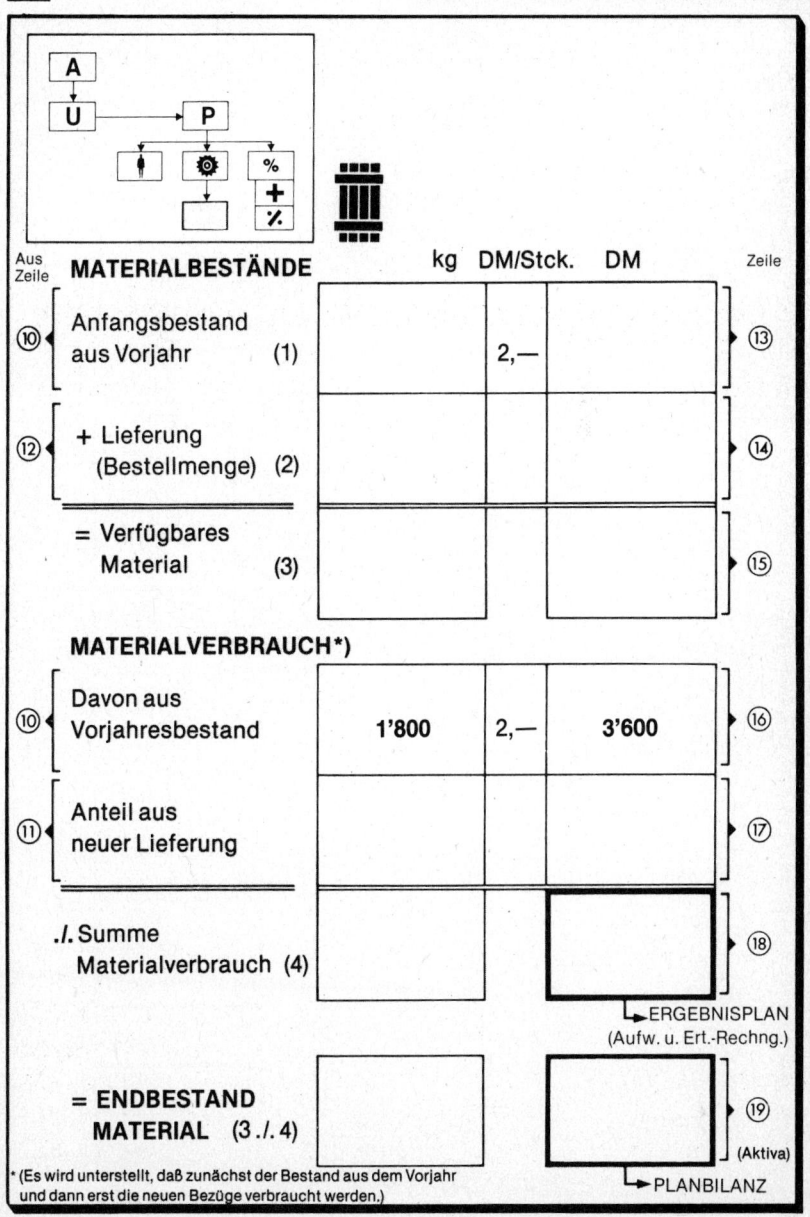

Aus Zeile	MATERIALBESTÄNDE	kg	DM/Stck.	DM	Zeile
⑩	Anfangsbestand aus Vorjahr (1)		2,—		⑬
⑫	+ Lieferung (Bestellmenge) (2)				⑭
	= Verfügbares Material (3)				⑮

MATERIALVERBRAUCH*)

Aus Zeile		kg	DM/Stck.	DM	Zeile
⑩	Davon aus Vorjahresbestand	**1'800**	**2,—**	**3'600**	⑯
⑪	Anteil aus neuer Lieferung				⑰
	./. Summe Materialverbrauch (4)				⑱

→ ERGEBNISPLAN (Aufw. u. Ert.-Rechng.)

| | = **ENDBESTAND MATERIAL** (3 ./. 4) | | | | ⑲ (Aktiva) |

→ PLANBILANZ

* (Es wird unterstellt, daß zunächst der Bestand aus dem Vorjahr und dann erst die neuen Bezüge verbraucht werden.)

MATERIALBESTÄNDEPLAN (MATERIALVERBRAUCHSPLAN)

MATERIALBESTÄNDE

		kg	DM/Stck.		DM
⑩ Anfangsbestand aus Vorjahr (1)	I	1'800	2,—	I	3'600
	II	1'800	2,—	II	3'600
	III	1'800	2,—	III	3'600
⑫ + Lieferung (Bestellmenge) (2)	I	3'000	2,10	I	6'300
	II	4'000	1,90	II	7'600
	III	5'000	1,80	III	9'000
= Verfügbares Material (3)	I	4'800		I	9'900
	II	5'800		II	11'200
	III	6'800		III	12'600

⑬ (Anfangsbestand DM)
⑭ (Lieferung DM)
⑮ (Verfügbares Material DM)

MATERIALVERBRAUCH

		kg	DM/Stck.		DM
⑩ Davon aus Vorjahresbestand	I	./. 1'800	2,—	I	./. 3'600
	II	./. 1'800	2,—	II	./. 3'600
	III	./. 1'800	2,—	III	./. 3'600
⑪ Anteil aus neuer Lieferung	I	./. 2'870	2,10	I	./. 6'027
	II	./. 2'870	1,90	II	./. 5'453
	III	./. 2'870	1,80	III	./. 5'166
./. Summe Materialverbrauch (4)	I	./. 4'670		I	./. 9'627
	II	./. 4'670		II	9'053
	III	./. 4'670		III	8'766

⑯ ⑰ ⑱ → ERGEBNISPLAN

= ENDBESTAND MATERIAL

I	'130	I	'273
II	1'130	II	2'147
III	2'130	III	3'834

⑲ → PLANBILANZ

MASCHINENKAPAZITÄTSPLAN

Im Maschinenkapazitätsplan wird errechnet,
wieviel Maschinen zur geplanten Produktion erforderlich sind.

Die Zahl der benötigten Maschinen je Produkt errechnet sich aus

$$\frac{\text{GESAMTSTÜCKZAHL JE PRODUKT}}{\text{KAPAZITÄT JE MASCHINE}}$$

Zusätzliche Maschinen als Reserve sollen nicht geplant werden.
Die fehlenden Maschinen müssen angeschafft werden (Investitionsplan).

Im Beispiel gehen wir davon aus,
daß im Unternehmen genügend Platz vorhanden ist
und außer der Neuanschaffung der Maschinen
keine anderen Investitionen erforderlich sind.

*Ob die erforderlichen Investitionen
ohne Kreditaufnahme bezahlt werden können,
wird sich später bei der Liquiditätsrechnung auf Seite 111 zeigen.*

Die Abschreibungen
werden vom Anschaffungswert aller noch vorhandenen Maschinen
(= Zugänge der Vorjahre)
und vom Wert des geplanten Neuzugangs berechnet.

RESTWERT ENDE PLANJAHR =

RESTWERT ANFANG PLANJAHR
    NEUZUGANG PLANJAHR ./. ABSCHREIBUNGEN PLANJAHR

*Die Summe der Abschreibungen wird im Ergebnisplan auf Seite 107/108
als Aufwand ausgewiesen.
Die Summe „Restwert am Ende der Planungszeit" findet man wieder
in der Planbilanz bei Anlagevermögen unter „Maschinen".*

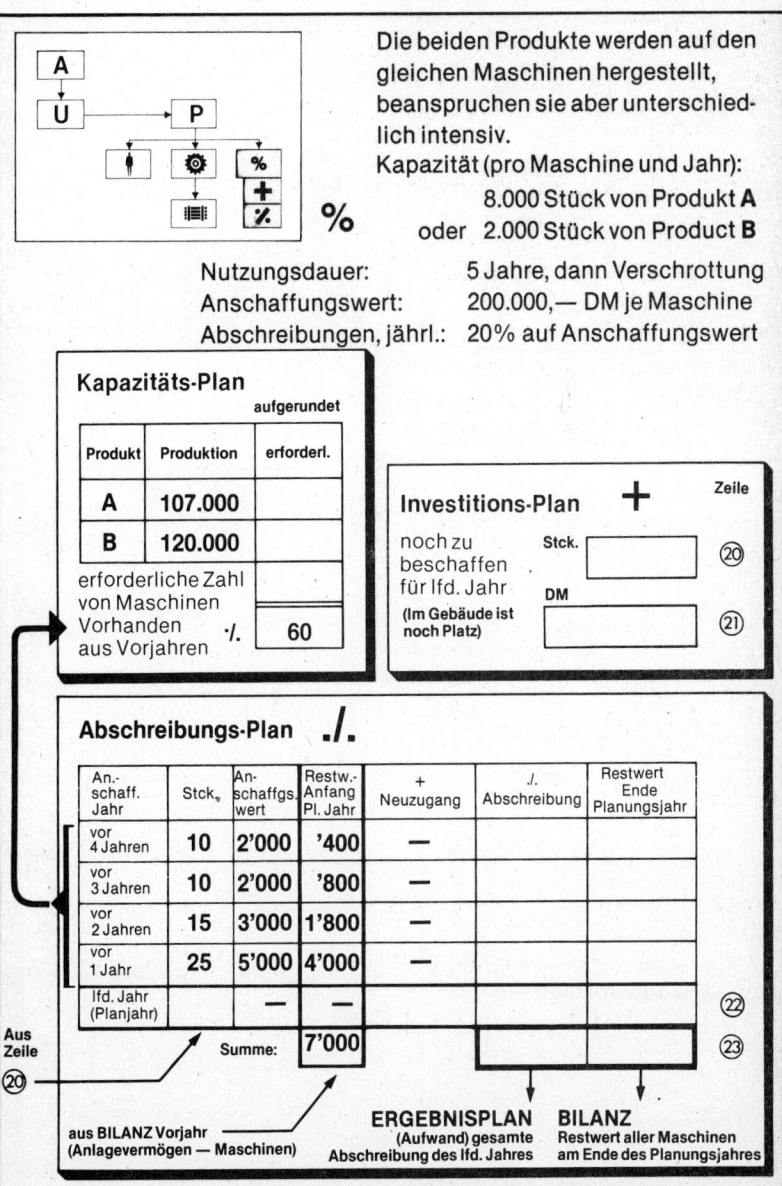

MASCHINENKAPAZITÄTSPLAN

Die beiden Produkte werden auf den gleichen Maschinen hergestellt, beanspruchen sie aber unterschiedlich intensiv.

Kapazität (pro Maschine und Jahr):
8.000 Stück von Produkt **A**
oder 2.000 Stück von Product **B**

Nutzungsdauer: 5 Jahre, dann Verschrottung
Anschaffungswert: 200.000,— DM je Maschine
Abschreibungen, jährl.: 20% auf Anschaffungswert

Kapazitäts-Plan

Produkt	Produktion	aufgerundet erforderl.
A	107.000	
B	120.000	
erforderliche Zahl von Maschinen		
Vorhanden aus Vorjahren ./.		60

Investitions-Plan +

noch zu beschaffen für lfd. Jahr
(Im Gebäude ist noch Platz)

	Zeile
Stck.	⑳
DM	㉑

Abschreibungs-Plan ./.

An.-schaff. Jahr	Stck.	An-schaffgs.wert	Restw.-Anfang Pl. Jahr	+ Neuzugang	./. Abschreibung	Restwert Ende Planungsjahr
vor 4 Jahren	10	2'000	'400	—		
vor 3 Jahren	10	2'000	'800	—		
vor 2 Jahren	15	3'000	1'800	—		
vor 1 Jahr	25	5'000	4'000	—		
lfd. Jahr (Planjahr)		—	—			㉒
Summe:			7'000			㉓

Aus Zeile ⑳

aus BILANZ Vorjahr (Anlagevermögen — Maschinen)

ERGEBNISPLAN (Aufwand) gesamte Abschreibung des lfd. Jahres

BILANZ Restwert aller Maschinen am Ende des Planungsjahres

MASCHINENKAPAZITÄTSPLAN

Kapazitätsplan

Produkt	Produktion	erforderl. Maschinen
A	107.000	14
B	120.000	60
		74
./.		60

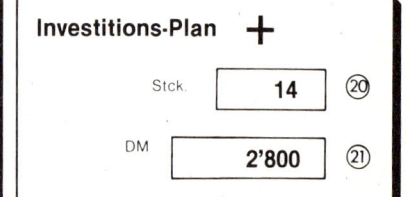

Investitions-Plan +

Stck. **14** ⑳

DM **2'800** ㉑

Abschreibungs-Plan ./.

An-schaff.-Jahr	Stck.	An-schaffgs.wert	Restw.-Anfang Pl.Jahr	+ Neuzugang	./. Abschreibung	Restwert Ende Planungsjahr
vor 4 Jahren	10	2'000	'400	—	'400	0/Schrott
vor 3 Jahren	10	2'000	'800	—	'400	'400
vor 2 Jahren	15	3'000	1'800	—	'600	1'200
vor 1 Jahr	25	5'000	4'000	—	1'000	3'000
lfd. Jahr (Planjahr)	14	—	—	2'800	'560	2'240 ㉒
			7'000		2'960	6'840 ㉓

ERGEBNISPLAN

Um den geplanten Gewinn errechnen zu können,
werden im Ergebnisplan Ertrag und Aufwand einander gegenübergestellt:

ERGEBNIS = | ERTRAG ./. AUFWAND |

Als Ertrag erscheint nur der Umsatz
aus dem Verkauf der Produkte A und B.
Für die Aufwandsrechnung liegen die Werte für Materialverbrauch,
Fertigungslohn und Abschreibungen auf Maschinen
aus den vorhergegangenen Teilplänen bereits vor.

Zu ermitteln ist noch der Zinsaufwand.
Die Zinsen sind auf die Bilanzwerte des Vorjahres zu entrichten.

Als ,,übrige Kosten des Betriebes" sind 18'3 als fixe Kosten vorgegeben
(z.B. Gehälter, Personalnebenkosten, Energiekosten, Instandhaltung,
Kosten des Nachrichtenverkehrs, allgemeine Verwaltungskosten usw.).
Die Abschreibung auf Gebäude ist bereits eingetragen.

Nachdem Sie das Ergebnis errechnet haben,
werden Sie erkennen, ob Sie bei der Wahl der Bestellmenge
die richtige Entscheidung getroffen haben!

Zur Vereinfachung haben wir in diesem Beispiel
die Lagerzinskosten nicht berücksichtigt.
Daraus resultiert, daß die größte Bestellmenge
gleichzeitig die günstigste Entscheidung war.

ERGEBNISPLAN

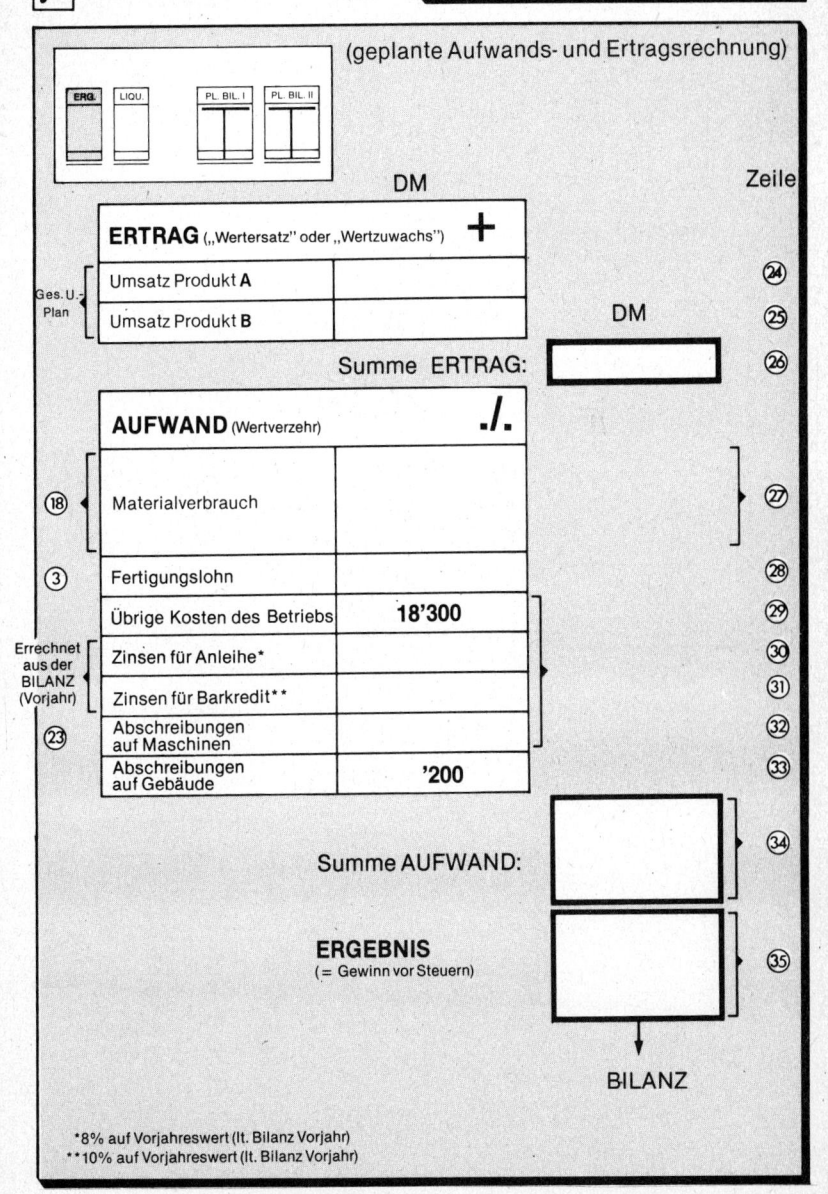

(geplante Aufwands- und Ertragsrechnung)

	DM	Zeile
ERTRAG („Wertersatz" oder „Wertzuwachs") **+**		
Umsatz Produkt **A**		㉔
Umsatz Produkt **B**		㉕
Summe ERTRAG:		㉖

Ges.U.-Plan: ㉔, ㉕

AUFWAND (Wertverzehr) ./.		
Materialverbrauch		㉗
Fertigungslohn		㉘
Übrige Kosten des Betriebs	18'300	㉙
Zinsen für Anleihe*		㉚
Zinsen für Barkredit**		㉛
Abschreibungen auf Maschinen		㉜
Abschreibungen auf Gebäude	'200	㉝

⑱ Materialverbrauch
③ Fertigungslohn
Errechnet aus der BILANZ (Vorjahr): ㉓

Summe AUFWAND: ㉞

ERGEBNIS (= Gewinn vor Steuern) ㉟

↓
BILANZ

*8% auf Vorjahreswert (lt. Bilanz Vorjahr)
**10% auf Vorjahreswert (lt. Bilanz Vorjahr)

107

ERGEBNISPLAN

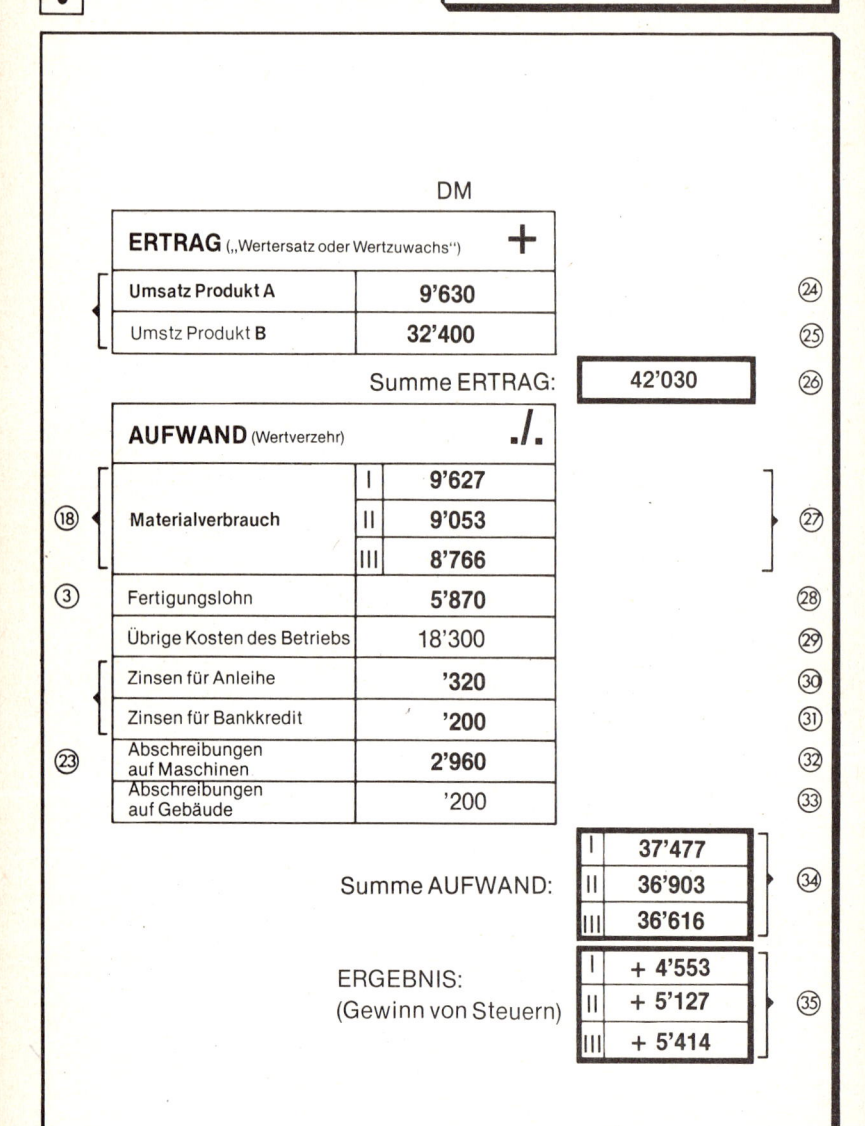

DM

ERTRAG („Wertersatz oder Wertzuwachs")	+	
Umsatz Produkt A	9'630	㉔
Umstz Produkt B	32'400	㉕

Summe ERTRAG: **42'030** ㉖

AUFWAND (Wertverzehr)		./.	
Materialverbrauch	I	9'627	⑱
	II	9'053	
	III	8'766	㉗
Fertigungslohn		5'870	③ ㉘
Übrige Kosten des Betriebs		18'300	㉙
Zinsen für Anleihe		'320	㉚
Zinsen für Bankkredit		'200	㉛
Abschreibungen auf Maschinen		2'960	㉓ ㉜
Abschreibungen auf Gebäude		'200	㉝

Summe AUFWAND:
I	37'477
II	36'903
III	36'616

㉞

ERGEBNIS: (Gewinn von Steuern)
I	+ 4'553
II	+ 5'127
III	+ 5'414

㉟

LIQUIDITÄTSPLAN

Mit der Erstellung des Liquiditätsplans
überprüft man die vorhandenen und erforderlichen Mittel
für die geplante Produktion.

Den verfügbaren Mitteln (Kassenbestand Vorjahr + Einnahmen)
werden die Ausgaben gegenübergestellt.
Als Differenz ergibt sich der neue Kassenbestand
am Ende des Planjahres.

Wenn die Ausgaben größer sind als die verfügbaren Mittel,
müssen die Einnahmen erhöht werden (eventuell durch Kreditaufnahme).

Sämtliche Werte für Einnahmen und Ausgaben
sind den bereits erstellten Teilplänen
bzw. der Bilanz des Vorjahres zu entnehmen.
Zu den Positionen „Zahlungseingänge der Kunden"
und „Zahlungen an Materiallieferanten"
ist noch folgender Hinweis zu geben:

Die Kunden erhalten ein Zahlungsziel von 1 Monat,
daraus ergibt sich eine zeitliche Verschiebung
zwischen Umsatz und Zahlung.

Ein Beispiel:

Planungsjahr											
J	F	M	A	M	J	J	A	S	O	N	D
Umsatz im Monat...											
I	II	III	IV	V	VI	VII	VIII	IX	X	XI	XII

am 31. Dezember ist der Umsatz des Dezembers noch unbezahlt. Er steht als Forderung in der Bilanz.

ZAHLUNGEN der Kunden für Umsatz...

XII	I	II	III	IV	V	VI	VII	VIII	IX	X	XI	XII

(gezahlt wurden der Umsatz aus Dezember des Vorjahres und 11/12 des Umsatzes des laufenden Jahres)

Für die Zahlungen an Materiallieferanten gilt sinngemäß das gleiche,
nur beträgt das Zahlungsziel 2 Monate,
d.h. am Jahresende sind die Bezüge von 2 Monaten
(1/6 der Jahresbezüge) unbezahlt.
In den Zeilen 38 und 42
wird auf volle Zehntausend DM auf- bzw. abgerundet.

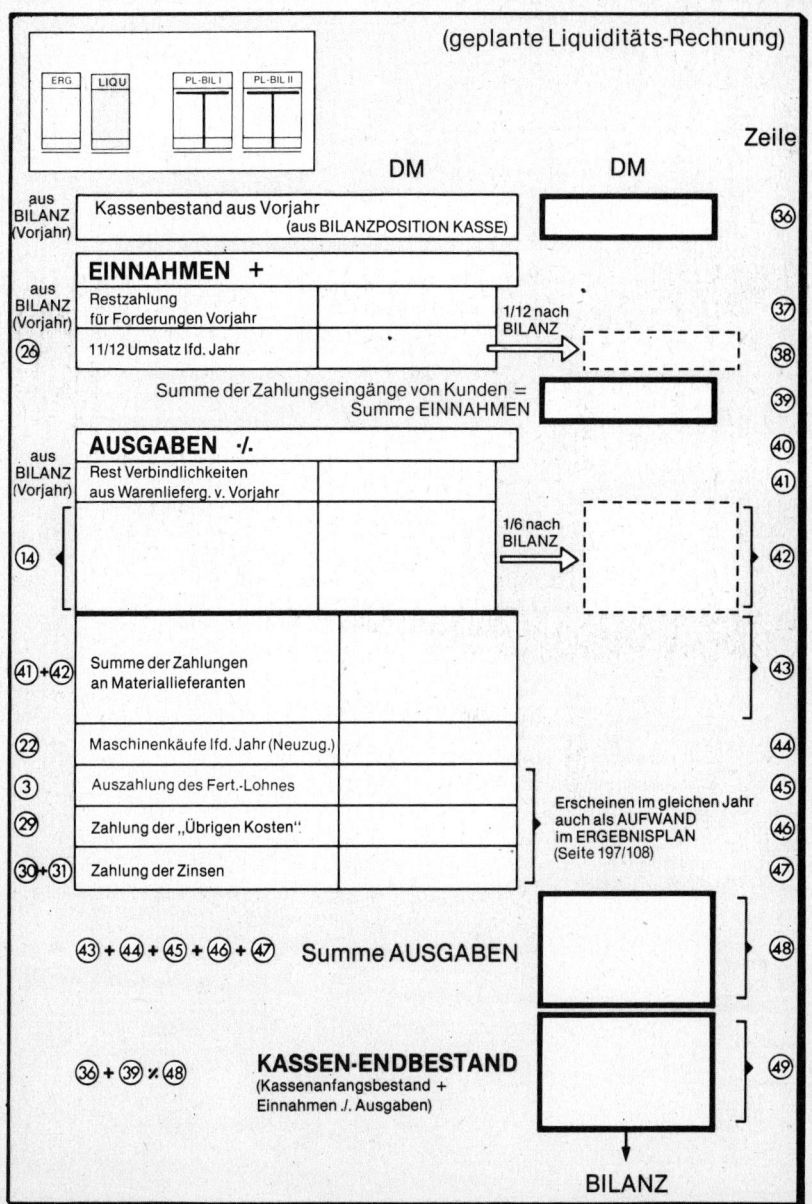

LIQUIDITÄTSPLAN

(geplante Liquiditäts-Rechnung)

				Zeile
		DM	DM	
aus BILANZ (Vorjahr)	Kassenbestand aus Vorjahr (aus BILANZPOSITION KASSE)			㊱
	EINNAHMEN +			
aus BILANZ (Vorjahr)	Restzahlung für Forderungen Vorjahr		1/12 nach BILANZ	㊲
㉖	11/12 Umsatz lfd. Jahr			㊳
	Summe der Zahlungseingänge von Kunden = Summe EINNAHMEN			㊴
	AUSGABEN ./.			㊵
aus BILANZ (Vorjahr)	Rest Verbindlichkeiten aus Warenlieferg. v. Vorjahr			㊶
⑭			1/6 nach BILANZ	㊷
㊶+㊷	Summe der Zahlungen an Materiallieferanten			㊸
㉒	Maschinenkäufe lfd. Jahr (Neuzug.)			㊹
③	Auszahlung des Fert.-Lohnes		Erscheinen im gleichen Jahr auch als AUFWAND im ERGEBNISPLAN (Seite 197/108)	㊺
㉙	Zahlung der „Übrigen Kosten"			㊻
㉚+㉛	Zahlung der Zinsen			㊼
㊸+㊹+㊺+㊻+㊼	Summe AUSGABEN			㊽
㊱+㊴ ./. ㊽	**KASSEN-ENDBESTAND** (Kassenanfangsbestand + Einnahmen ./. Ausgaben)			㊾

→ BILANZ

111

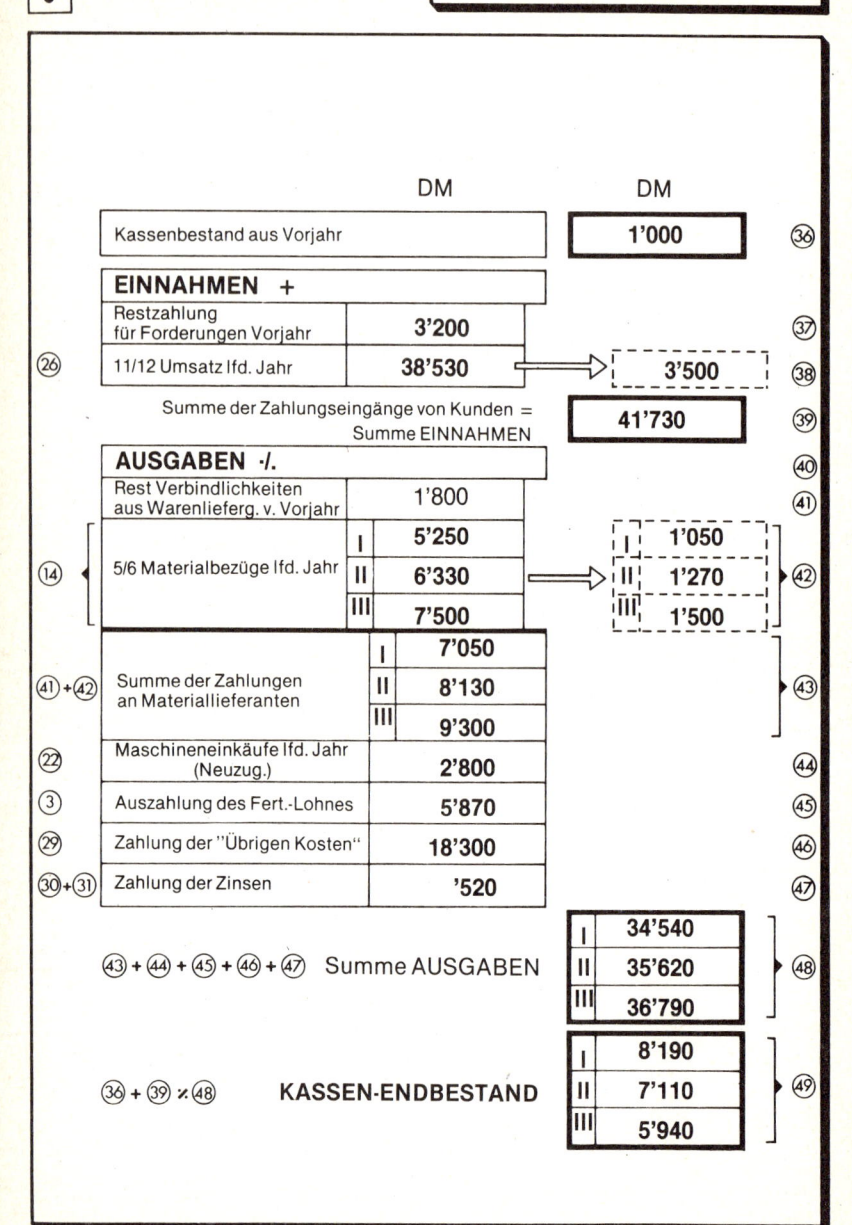

LIQUIDITÄTSPLAN

		DM	DM	
	Kassenbestand aus Vorjahr		**1'000**	㊱
	EINNAHMEN +			
	Restzahlung für Forderungen Vorjahr	3'200		㊲
㉖	11/12 Umsatz lfd. Jahr	38'530	⇒ 3'500	㊳
	Summe der Zahlungseingänge von Kunden = Summe EINNAHMEN		**41'730**	㊴
	AUSGABEN ./.			㊵
	Rest Verbindlichkeiten aus Warenlieferg. v. Vorjahr	1'800		㊶
⑭	5/6 Materialbezüge lfd. Jahr	I 5'250 / II 6'330 / III 7'500	⇒ I 1'050 / II 1'270 / III 1'500	㊷
㊶+㊷	Summe der Zahlungen an Materiallieferanten	I 7'050 / II 8'130 / III 9'300		㊸
㉒	Maschineneinkäufe lfd. Jahr (Neuzug.)	2'800		㊹
③	Auszahlung des Fert.-Lohnes	5'870		㊺
㉙	Zahlung der "Übrigen Kosten"	18'300		㊻
㉚+㉛	Zahlung der Zinsen	'520		㊼
㊸+㊹+㊺+㊻+㊼	Summe AUSGABEN		I 34'540 / II 35'620 / III 36'790	㊽
㊱ + ㊴ ./. ㊽	**KASSEN-ENDBESTAND**		I 8'190 / II 7'110 / III 5'940	㊾

PLANBILANZ

ANFANGSBILANZ

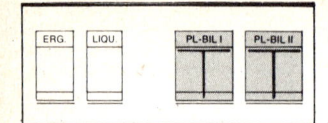

In der Praxis muß am Ende
eines Geschäftsjahres
eine **Schlußbilanz** erstellt werden.

In der Planung
wird auch die Schlußbilanz geplant.
Sie wird in unserem Beispiel
als **Planbilanz I** bezeichnet und
auf der nächsten Seite errechnet.

Ausgehend von den Vorjahreswerten,
die vorgegeben sind,
wird über die Bilanzfortschreibung,
in der Zugänge und Abgänge
des Planjahres berücksichtigt werden,
diese Planbilanz erstellt.

Für die Fortschreibung
stehen alle Zahlen
aus den vorangegangenen Teilplänen
zur Verfügung.

BILANZ (Vorjahr)	
AKTIVA	PASSIVA
Gebäude 1'000	
Maschinen 7'000	
	Grundkapital 5'000
	Rücklagen 3'000
Materialbestände 3'600	
Forderungen	
Kasse 1'000	
	Anleihen 4'000
	Bankkredite 2'000
	Verbindlichkeiten aus Warenlieferungen 1'800
	Gewinn —
Summe 15'800	Summe 15'800

114

PLANBILANZ

FORTSCHREIBUNG

+	∕.
Zugang	Abschreibung (Aus Zeile 33)
Zugang (Aus Zeile 22)	Abschreibung (Aus Zeile 23)
—	—
—	—
Lieferung (Aus Zeile 14)	Verbrauch (Aus Zeile 18)
Umsatz (Aus Zeile 26)	Zahlungen der Kunden (Aus Zeile 39)
Einnahmen (Aus Zeile 39)	Ausgaben (Aus Zeile 48)
—	—
—	—
Materialbezüge (Aus Zeile 14)	Zahlungen (Aus Zeile 43)
Ertrag (Aus Zeile 26)	Aufwand (Aus Zeile 34)

PLANBILANZ 1

AKTIVA	PASSIVA
Gebäude	
Maschinen	
	Grundkapital
	Rücklagen
MAterialbestände	
Forderungen	
Kasse	
	Anleihen
	Bankkredite
	Verbindlichkeiten
	Gewinn
Summe	Summe

PLANBILANZ

⚑ + FORTSCHREIBUNG ÷		PLANBILANZ	
		AKTIVA	PASSIVA
—	'200	'800	
2'800	2'960	6'840	
—	—		
—	—		3'000
I 6'300 II 7'600 III 9'000	I 9'627 II 9'053 III 8'766	I '273 II 2'147 III 3'834	
42'030	41'730	3'500	
41'730	I 34'540 II 35'620 III 36'790	I 8'190 II 7'110 III 5'940	
—	—		4'000
—	—		2'000
I 6'300 II 7'600 III 9'000	I 7'050 II 8'130 III 9'300		I 1'050 II 1'270 III 1'500
42'030	I 37'477 II 36'903 III 36'916		I 4'553 II 5'127 III 5'414
		I 19'603 II 20'397 III 20'914	I 19'603 II 20'397 III 20'914

PLANBILANZ

Hier dürfen wir Sie beglückwünschen!

So ganz nebenbei wurde von Ihnen die Bilanz erstellt —
und es ging doch recht einfach!

Sie wird als Planbilanz I ausgewiesen.

Sie haben festgestellt,
daß bei der Wahl der größeren Bestellmenge (Alternative III)
das Ergebnis besser ist als bei den anderen Alternativen.
Andererseits sind die Bestände höher.
Wenn man die Entscheidung endgültig beurteilen will,
muß man noch berücksichtigen,
daß die höheren Bestände Zinsen kosten
(man hätte das in den Beständen gebundene Geld
zinsbringend anlegen können,
oder man hätte zur Finanzierung Schulden machen müssen).

Aus Gründen der Übersichtlichkeit wurde in diesem Planungsbeispiel
auf eine Lagerzinskostenrechnung verzichtet.
Aber auch bei der Berücksichtigung eines Lagerzinses von ca. 10%
wäre Alternative III noch die günstigste.

Wenn es Sie nun auch noch interessiert,
was sich hinter der **Planbilanz II** verbirgt,
so ist das ebenso einfach gesagt.

Es geht um die Gewinnverwendung, also um

① die erforderlichen Steuerzahlungen
② die Gewinnausschüttung an die Eigentümer (z.B. Aktionäre)
③ die Bildung von Rücklagen und
④ den Verbleib des Restes
   (in unserem Beispiel als Gewinnvortrag)

Aus der nebenstehenden Darstellung läßt sich erkennen,
welche Beträge nach außen fließen (also kassenwirksam sind)
und welche im Unternehmen
als Rücklagen und als Gewinnvortrag verbleiben.

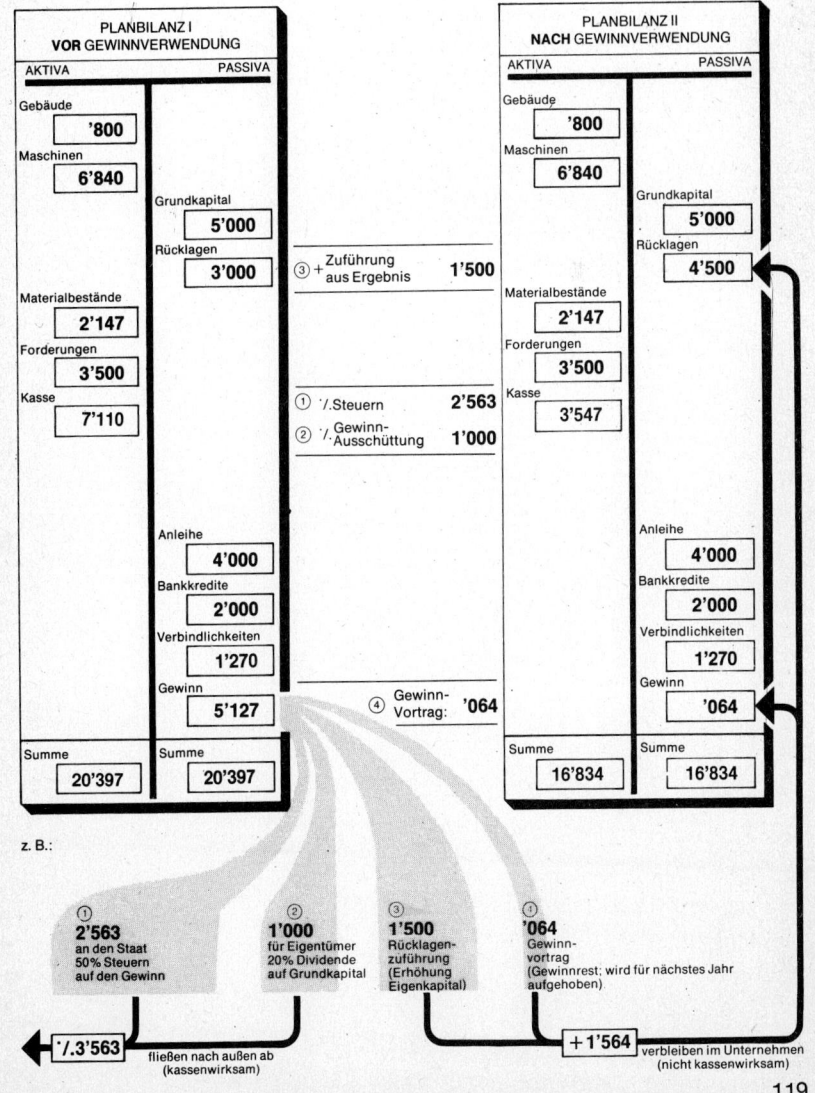

PLANBILANZ

PLANBILANZ I — VOR GEWINNVERWENDUNG

AKTIVA		PASSIVA	
Gebäude	'800		
Maschinen	6'840		
		Grundkapital	5'000
		Rücklagen	3'000
Materialbestände	2'147		
Forderungen	3'500		
Kasse	7'110		
		Anleihe	4'000
		Bankkredite	2'000
		Verbindlichkeiten	1'270
		Gewinn	5'127
Summe	**20'397**	**Summe**	**20'397**

Mittelspalte (Gewinnverwendung)

③ + Zuführung aus Ergebnis 1'500
① ./. Steuern 2'563
② ./. Gewinn-Ausschüttung 1'000
④ Gewinn-Vortrag: '064

PLANBILANZ II — NACH GEWINNVERWENDUNG

AKTIVA		PASSIVA	
Gebäude	'800		
Maschinen	6'840		
		Grundkapital	5'000
		Rücklagen	4'500
Materialbestände	2'147		
Forderungen	3'500		
Kasse	3'547		
		Anleihe	4'000
		Bankkredite	2'000
		Verbindlichkeiten	1'270
		Gewinn	'064
Summe	**16'834**	**Summe**	**16'834**

z. B.:

① **2'563** an den Staat 50% Steuern auf den Gewinn

② **1'000** für Eigentümer 20% Dividende auf Grundkapital

③ **1'500** Rücklagenzuführung (Erhöhung Eigenkapital)

④ **'064** Gewinnvortrag (Gewinnrest; wird für nächstes Jahr aufgehoben)

./.3'563 fließen nach außen ab (kassenwirksam)

+1'564 verbleiben im Unternehmen (nicht kassenwirksam)

Wie sich in dem abgeschlossenen Planungsbeispiel gezeigt hat,
sind die Pläne eines Unternehmens sehr stark ineinander verwoben.
Die Entscheidung über die Bestellmenge hatte z.B.
zu unterschiedlichen Zahlen
im Beschaffungs-, Bestände-, Ergebnis-, Liquiditätsplan
und in der Bilanz geführt.

Ein ständiges Aufeinanderabstimmen,
Informieren, Ergänzen der Einzelüberlegungen
mit den anderen Funktionsbereichen ist daher unerläßlich.

Dieses Buch hat Ihnen einen Einblick
in den **Finanzbereich**
eines Unternehmens vermittelt.

Weitere interessante Themen aus der Betriebswirtschaft
werden in den anderen Bänden der
"Schriftenreihe Wirtschaftspraxis" behandelt.

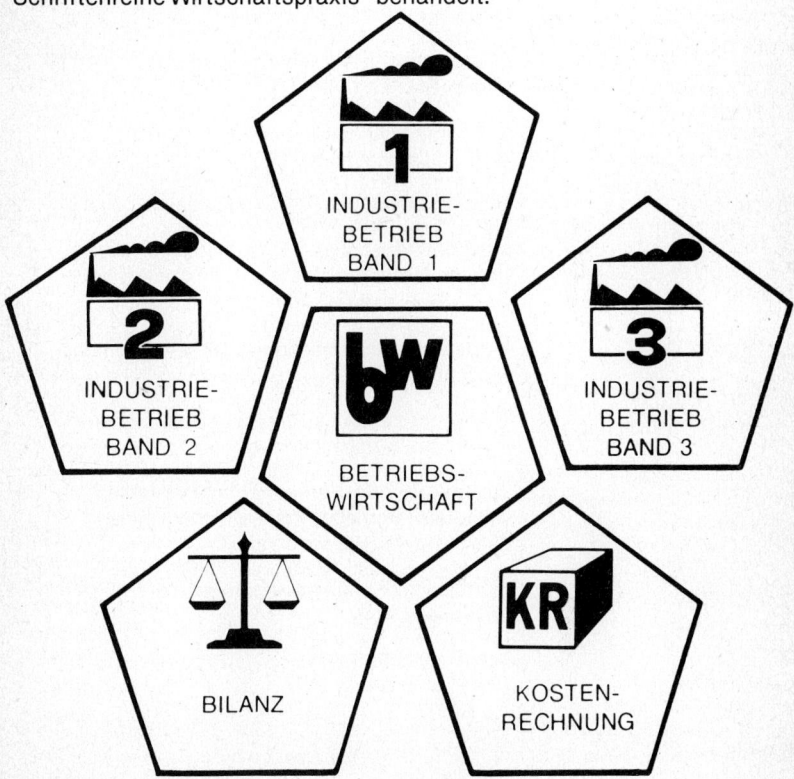

- INDUSTRIEBETRIEB BAND 1
- INDUSTRIEBETRIEB BAND 2
- INDUSTRIEBETRIEB BAND 3
- BETRIEBSWIRTSCHAFT
- BILANZ
- KOSTENRECHNUNG

Alle Bände dieser Reihe wurden vom gleichen Team
in Zusammenarbeit mit einem Fachmann
aus dem jeweiligen Sachgebiet erarbeitet.

Jeder Band steht für sich
und behandelt ein in sich abgeschlossenes Thema.

Alle Bände zusammen bieten
eine komplette Einführung in die Betriebswirtschaftslehre.

LITERATURVERZEICHNIS

Die getroffene Auswahl ist nur ein Querschnitt durch das große Angebot und soll Ihnen
vor allem weitere Anregungen einfacherer und anspruchsvollerer Art bieten.
Die Auswahl ist weder vollständig noch begrenzt auf die hier behandelten Probleme.

Aberle, G., u.a.	Faires Verkaufen, TR-Verlagsunion, München (1974)
Barfuß, G., u.a.:	Marketing, TR-Verlagsunion, München (1974)
Bülow, F.:	Wörterbuch der Wirtschaft, 4. Aufl., Alfred Kröner Verlag, Stuttgart 1963
Dr. Gablers Wirtschaftslexikon	8. Auflage, Betriebswirtschaftlicher Verlag Dr. Th. Gabler, Wiesbaden 1971
Gröner, H.:	Büroorganisation, TR-Verlagsunion, München 1973
Heinen, E. (Hrsg.):	Industriebetriebslehre, Entscheidungen im Industriebetrieb, Betriebswirtschaftlicher Verlag Dr. Th. Gabler, Wiesbaden 1972
Hengstmann, F.-W.:	Kosten und Kostenrechnung, TR-Verlagsunion, München (1974)
Joschke, H.K.:	Praktisches Lehrbuch der Betriebswirtschaft, 4. Auflage, Verlag moderne Industrie, München 1971
Löffelholz, J.:	Repetitorium der Betriebswirtschaftslehre, 4. Auflage, Betriebswirtschaftlicher Verlag Dr. Th. Gabler, Wiesbaden 1971
Meyer, F., u.a.:	Betriebliche Produktionsfaktoren, TR-Verlagsunion, München (1974)
Preitz, O.:	Allgemeine Betriebswirtschaftslehre für Studium und Praxis. Verlag Dr. Max Gehlen, Bad Homburg v.d.H. 1973
Rittershausen, H. (Hrsg.):	Wirtschaft, Fischer Lexikon Bd. 8, Fischer Bücherei, Frankfurt M.
Schäfer, E.:	Die Unternehmung, 8. Aufl., Westdeutscher Verlag, Opladen 1974
Schäfer, E.:	Der Industriebetrieb Bd. 1 und 2 Westdeutscher Verlag, Opladen 1969, 1971
Stahl, R.:	Betriebsorganisation, TR-Verlagsunion, München 1973
Wöhe, G.:	Einführung in die allgemeine Betriebswirtschaftslehre, 11. Auflage, Verlag Vahlen München 1973

STICHWORTVERZEICHNIS

Absatzschwierigkeiten 71
Abschreibung 38, 102, 103f, 106
Abschreibungsplan 88, 101ff
Aktiengesellschaft 33, 37
Aktionäre 34, 118
Aktionärsvertreter 34
Aktiva 48
Anfangsbilanz 114
Anlagevermögen 48, 56
Anleihen 49, 57
Anteilseigner 34
Aufsichtsrat 34
Aufwand 87, 106ff
Aufwands- und
   Ertragsrechnung 87f, 107f
Ausgaben 14f, 111f
Außenfinanzierung 33ff, 44

Bankkredit 49
Bearbeitungsweg 77
Beleihungsgrenze 36
Bestellmenge 94ff, 106
Beteiligungsfinanzierung 33f
Betriebstätigkeit, laufende 15
Bilanz 47f, 51
Bilanzfortschreibung 114f
Branchen, verschiedene 26
   typische 59

Darlehen 35, 49
dingliche Sicherheiten 63

Eigenfinanzierung 33, 37
Eigenkapital 32ff, 44
Eigenkapitalaufstockung 55
Eigenmittel 33ff
Eigentümer 118
Einflüsse von innen/außen 19
Einnahmen 14, 40, 111f
elastische Anpassung
   des Finanzbedarfes 52
Entscheidungen
   im Finanzbereich 11ff
Entscheidungsprozeß 65
Ergebnis, Betriebs- 106f
Ergebnisrechnung 87
Ergebnisplan 88, 105ff

Ertrag 87, 107f
Ertragsrechnung 87

Faustregeln der Finanzierung 49ff
Fertigungslohn 107f
Finanzierung 31
   — aus Abschreibung 38f
Finanzierungsgrundsätze 43, 47ff
Finanzbedarf 52
Finanzbereich 83f
Finanzregel, goldene 49ff
flüssige Mittel 43, 57
Fortschreibung, der Bilanz 115
Fremdkapital 32, 44, 48, 51
Fremdmittel 36
Funktionsbereiche 75

Geldbedarf 17
Geldgeber 63
Geldstrom 14
Gewinn 37, 115f
Gewinnausschüttung 118f
Gewinnverwendung 37, 118f
Gewinnvortrag 118f
Gläubiger, Mitspracherecht der 60
GmbH 33
Goldene Finanzregel 49ff
Gründung des Unternehmens 15, 31

Handel 27
Hauptversammlung 34
Herkunft der Mittel 48
Horizontaler Vergleich der Bilanz 58
Hypothek 36

Innenfinanzierung 32, 37ff, 44
Investitionen, risikoreiche 57
Investitionsplan 88, 103f

Kapazitätserweiterungseffekt 40
Kapazitätsplan 103f
Kapital
   kurzfristig gebundenes 49
   langfristig gebundenes 49
Kapitalabflüsse 32
Kapitalanleger 33f
Kapitalbedarf 14ff, 28

Kapitalbedarfsermittlung 14ff, 28
Kapitalbeschaffung 31f
Kapitaleinflüsse 19
Kapitaleinsatz 25
Kapitalgeber 52f
Kapitalgesellschaft 33
Kapitalumschlag 25ff
Kassenbestand 15, 21, 111f
   wirksam 119
Körperschaftssteuer 37
Kommanditgesellschaft 33
Konditionen 63
Konkurs 34, 43
Kredite 49, 63
Kreditfinanzierung 35f, 44
Kreditwürdigkeit 47
Kundenzahlungen 15, 32

laufende Betriebstätigkeit 15ff
Laufzeit 49
Leistung 14
Lernmethode und Lernziel 7
liquidierbares Vermögen 57
Liquidität 47, 57, 60
Liquiditätsplan 88, 109ff
Literaturverzeichnis 122

Maschinenkapazitätsplan 101ff
Materialbeschaffungsplan 88, 93ff
Materialbeständeplan 88, 97ff
Materialverbrauch 106
Mitarbeiter 19
Mitspracherecht 34, 60
   der Gläubiger 60
Mittelbeschaffung 83
Mittelbindung 19, 20, 49
Mittelherkunft 47f
Mittelverwendung 48

Neugründung eines
   Unternehmens 15ff
offene Handelsgesellschaft (oHG) 33

Passiva 48
Personalplan 89ff
Personengesellschaft 33
Pfandrecht 36
Planbilanz 1 — 114ff
Planbilanz 2 — 118f
Planung 28, 65f
Planungsablauf 88

Planungsbeispiel 67, 85ff
Planungsdurchlauf 88
Planungszusammenhang 88
Produkteinführung 81f
Produktion 79f
   Probleme bei der 79f
Produktionsplan 88
Produktionsprogramm 71f
produzierendes Gewerbe 27

Rationalisierung, in der Fertigung 56
Reinvestition 40
Rentabilität 63
Risiko 36
risikoreiche Investitionen 57, 61
Rohstoffbeschaffung 77f
Rohstoffverknappung 73f
Rücklage 37, 118
Rückzahlungsschwierigkeiten 34
Rückzahlungsverpflichtungen 57

Selbständigkeit des Unternehmens 59
Selbstfinanzierung 32, 37, 56
Sicherheiten, dingliche 63
              finanzielle 55
Sicherheitsbedürfnis 52
   des Unternehmens 59f
Schlußbilanz 114
Schlußtest 67, 69ff
Schulden 48
Stichwortverzeichnis 123f

Teilhaber 33
Teilpläne 85ff

Überkapitalisierung 63
Umlaufvermögen 48
Umsatz 25ff
Umsatzausweitung 26, 56
Umschlagsfaktor 26
Unternehmensselbständigkeit 59
Unternehmenssicherheit 59
Unternehmensformen 33f
Unternehmensführung 66
Unternehmensgründung 15

Verantwortung 75
Vergleich, horizontaler der Bilanz 58
         vertikaler der Bilanz 58
Verhältnis Eigen-Fremdkapital 59

Vermögen
 — kurzfristig gebundenes 49
 — langfristig gebundenes 49
Vermögenswerte 36
Verschuldungsgrad 59
vertikaler Vergleich der Bilanz 58
Verwendung der Mittel 48
Vorfinanzierung 14, 17

Wachstum 55
Wertminderung 38
Wiederinvestition 56
Wirtschaftsplan 85

Zahlungsbereitschaft 31
Zahlungseingang 15, 17
Zahlungsziel 17, 110
Zinsaufwand 106
Zinsbelastung 60
Zinseinsparungen 63
Zinsverlust 46
Zinsen 35

INHALTSVERZEICHNIS

Vorwort 5

Lernmethode und Lernziel 7

Entscheidungen im Finanzbereich **11-66**

Ermittlung des Kapitalbedarfs 14

Möglichkeiten der Kapitalbeschaffung 31

Finanzierungsgrundsätze 47

Schlußtest — Planungsbeispiel **67-120**

Personalplan 89

Materialbeschaffungsplan 93

Materialbeständeplan 97

Maschinenkapazitätsplan 101

Ergebnisplan 105

Liquiditätsplan 109

Planbilanz 113

Literaturverzeichnis 122

Stichwortverzeichnis 123